大学生からはじめる
ロジカルシンキング

勝又暢久・竹内謙善・山中隆史

学術図書出版社

まえがき

　本書は大学生を対象にしたロジカルシンキングの基本を解説するものです。とりわけ，大学で初めて，レポート作成，プレゼンテーション，グループワーク等を行う新入生を主な読者として想定しています。ロジカルシンキングの基本的な考え方やルールを学ぶことによって，大学での学びを深める土台を養成することを目指しています。本書で習得すべき目標は，①説得力のあるコミュニケーション，②効果的な問題解決を行う力です。

　ロジカルシンキングや論理と聞くと，「論理的に考えるのは苦手だな」「ロジカルと聞くと冷たく感じる」「法律家や専門家が使うもので関係ない」「大学では使うけど社会に出たら関係ない」といったイメージや先入観を持っておられる方もいらっしゃるかもしれません。しかし，ロジカルシンキングは大学だけで必要とされる能力ではありません。むしろ，社会に出てから必要性は増していきます。ロジカルシンキングは今や国内外を問わず社会で必須の力とされています。

　なぜ，ロジカルシンキングの必要性が増してきているのでしょうか。競争環境の変化のスピードが速くなる中で，様子をみながらじっくり悩んで判断しているうちに状況は変化していきます。世の中には情報があふれていますが，これをすべて丁寧に集めていると，時間がかかりすぎて，結論が出るころには状況が変わってしまい意味のない解決策になるかもしれません。さらに，変化が激しい時代においては，経験のない新しい課題に取り組むことが多くなってきています。ロジカルシンキングを活用することで社会における正解のない諸問題に対して，より素早く，最適解を考えることができます。さらに，社会において一人だけで物事を推進していくことはできません。適切なコミュニケーションを行い，多くの人々を巻き込み協力して動いてもらうことが不可欠です。考えた結論に対して，簡潔かつ論理的に根拠を述べることで，多くの方に納得してもらえる説得力のあるコミュニケーションを行うことができるからです。

　ロジカルシンキングの書籍は多く出版されていますが，本書は下記の特徴を意識して作成しています。

- 大学生に活用のイメージがわかるような事例を用いた記載
- 大学や社会で活用できるような実践的な内容を記載
- ロジカルシンキングを実践する際に役に立つ対話での心がけ等も記載

　具体的には，第1章，第2章ではロジカルシンキングの概要や学び方を説明しています。第3章では，アイデアの出し方も含めた基本的な考え方を記載し，ロジカルシンキングを身につけるためのベースを記載しています。第4章から第5章では，わかりやすく説得力のあるコミュニケーションを扱っています。構造化してわかりやすく伝えるためのポイントとなる「イシュー」，「枠組み」といった考え方や伝えるための便利なツールである「ピラミッドストラクチャー」を紹介しています。第6章，第7章では問題解決を扱い「MECE」や「ロジックツ

ii

リー」をはじめとする効果的な問題解決に不可欠な考え方やツールを紹介しています。

　なぜ，ロジカルシンキングの力を身につけることが難しいのでしょうか。ロジカルシンキングは決して難しいものではありません。誰にでも理解できますし，誰にでも身につけられます。しかし，ロジカルシンキングの能力は，「わかる」から「できる」までに大きな壁があります。そのため，本書で学んだことを積極的にレポートや論文作成等の実践の場で活用することを通して，社会に出てからも活用できる汎用的なスキルを身につけていく必要があります。本書がそのようなスキルを身につけるための一助となれば幸いです。

　2024 年 2 月

著 者 一 同

目　　次

第1章　ロジカルシンキングとは　　1
1.1　ロジカルシンキングはなぜ必要か 1
1.2　ロジカルシンキングの利点は何か 2
1.3　ロジカルに考えるための 3 つの基本 3
1.4　学び方で意識して欲しいこと　―わかるとできるの違い― 4

第2章　グループワークについて　　5
2.1　クラスでの心がけ 5
2.2　ブレインストーミング 5
2.3　非言語コミュニケーションの大切さ 6

第3章　アイデアの出し方と論理思考の基本的な考え方　　7
3.1　思考の型の大切さ 7
3.2　発想の出し方 8
3.3　演繹法と帰納法 10
3.4　逆・裏・対偶 14

第4章　わかりやすく伝える方法　　17
4.1　先に「結論」，次に「根拠」 17
4.2　イシューを設定する 18
4.3　枠組みを考える 19
4.4　論理の三角形（主張と根拠） 21
4.5　適切な事実との紐づけ 22

第5章　ピラミッドストラクチャーで文章を考える　　24
5.1　ピラミッドストラクチャーとは何か 24
5.2　文章を作成する 25
5.3　反論へ備える 28
5.4　感情への配慮 31

第6章　分解とその応用　　33
6.1　分解と MECE 33
6.2　マトリックスとロジックツリー 35
6.3　ピラミッドストラクチャーとロジックツリー 38

iv 目 次

6.4 フェルミ推定 39

第 7 章 効率的な問題解決 42

7.1 問題解決の 4 つのステップ 42

7.2 問題の設定 42

7.3 問題箇所の特定と原因の発見 45

7.4 解決策の立案 47

7.5 仮説と検証 48

あとがき 50

第1章 ロジカルシンキングとは

1.1 ロジカルシンキングはなぜ必要か

　社会においては，唯一絶対の正解のない問題やマニュアルの存在しない問題等がほとんどです。これらの問題は，過去の事例の適用や情報を集めるだけで解決はできません。また，情報自体はネットで調べれば誰でも簡単に手に入る時代になっており，情報自体の価値は下がってきています。社会情勢の変化に伴って，考え，解釈する力（アウトプット）の重要性，ロジカル思考の重要性が増してきているともいえます（図1.1）。

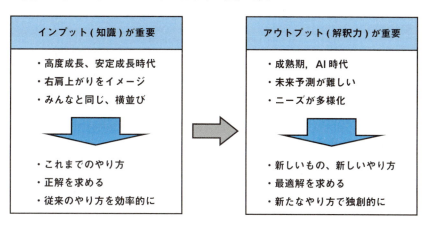

図1.1　ロジカルシンキングの重要性

　前例のない問題に対処するには，問題を分類，整理し，構造的に考えることのできるベースとなる思考力が必要です。さらに，直面する様々な問題に対して，効果的，効率的に問題を解決する能力や考えた内容をわかりやすく相手に伝え，相手を説得して巻き込む力，さらには，会議等で複数の参加者がいる場面でも，しっかり意見を述べるとともに，他人の意見を受け止め，合意形成に導くことができる実践的なロジカルシンキングの力が求められています。逆に言うと，図1.2のような，自分の頭で考えずに，何かに依存した思考の姿勢では，時代から取り残されてしまいます。

　経済産業省が定義している「社会人基礎力」には，前に踏み出す力（アクション），考え抜く力（シンキング），チームで働く力（チームワーク）の3つの力で構成されています。考え抜く力には，「課題発見力」，「計画力」，「創造力」の3つの能力要素があります。課題発見力とは，「現状を分析し課題を明らかにする力」を指し，計画力とは「課題の解決に向けたプロセスを明らかにし準備する力」を指し，創造力とは「新しい価値を生み出す力」を指します。つま

図 1.2　残念な人の思考法

り，課題発見する力と解決策を立案する力，そしてそれらを周りの人にうまく伝える力といえます。まさにロジカルシンキングの力です。

1.2　ロジカルシンキングの利点は何か

こうしたロジカルシンキングの力がつくと，どのような利点があるのでしょうか。

(1) より早く結論を出すことができる

限られた時間，限られた情報の中で最適な結論を出せる能力が高まります。環境の変化が激しい時代には，よりスピーディに，課題に対して的確な結論を出す必要があります。

(2) 未経験の課題にも対処できる

変化の激しい時代には，今まで経験のなかった問題を解決しなければならないことが増えてきます。経験や前例のあることは対処しやすいですが，前例のない中で試行錯誤しながら考えなければなりません。ロジカルシンキングを身につけると未経験の課題でも効率的に論理的な判断ができるようになります。

(3) クリエイティブに考えることができる

変化の激しい時代には，誰もが思いつくアイデアはすぐ模倣されますし，ほかの人もすぐに考えつきます。幅広く，深く考えることができるので，クリエイティブな思考に繋がります。独創的な考え方をわかりやすく説明できます。

(4) わかりやすく説明することができる

何をしたいのか。なぜ，行いたいのか。主張と根拠を明確に示すことができるため，他人にどんな人に対しても，わかりやすく説得力のある説明をすることができます。

1.3　ロジカルに考えるための3つの基本

　ロジカルシンキングとは，言い換えると「論理的に考える」ことです。論理的に考えるとは，論理につながりのあること，筋道を立てて考えることになります。筋道を立てて，説得力のある主張にするためには，3つの基本を意識するとよいです。

- 主張を明確にする。
- 論点を意識してバランスよく考える。
- 理由を明確にして，正確な根拠と結びつける。

　それぞれ，説明をしていきます。

1.3.1　イシューを押さえて，主張を明確にする

　何かを考える際には，まず，「何について考えるのか」という，考えるべきことを明確にする必要があります。このことを，本書では「イシューを押さえる」といいます。イシューを押さえることは一見，簡単なようにみえますが，実際には意外と難しいものです。たとえば，イシューを押さえないまま，考えたり，書いたり，話したりすることは意外と起こりがちです。たとえば，レポートを書くために，インターネットでデータを調べているうちに，イシューとは直接関係のない（薄い），目に付いた情報を延々と調査してしまう経験や会議等で，イシューと関係のない（薄い）テーマに話が脱線してしまった経験は誰しもあると思います。イシューをはずしてしまうことを防ぐためには，まず，何について考えるべきなのかということを明確にして，意識し続けることが大切です。イシューはすべての出発点であり，イシューが的外れであれば，その後，いくら精緻に論理を組み立てて無駄になってしまいます。

　イシューを特定したら，自分の考えや立場を明確にすることが大切です。たとえば，みなさんが文化祭の実行委員長をしていて，会議で今年のアイデアを求める場面をイメージしてください。「A案とB案とどちらがよいですかと聞いた場合，参加者が「どちらでもよいです」とか「委員長に任せます」「わかりません」とか話されたら，困りますよね。まずは，「○案がよいです」と結論を明確にして考える必要があります。いくら事実を集めても，「どっちでもよい」という主張では，意味がありません。状況次第で判断に迷う場合でも，「○○なら，A案である」のように条件付きで結論を出すこともできます。明確な主張をすることは，ロジカルシンキングを行う上で，最初の一歩ともいえます。

1.3.2　適切な根拠を準備する

　明確にすべきなのは，イシューや主張だけではありません。「私は○○と思う。私が思うから正しいしいのだ」とか，「直感や感覚で○○と思う」では，周りの人は納得してくれません。また意見が異なった場合，相手を説得することはできませんし，議論がかみ合いません。主張の前提となる事実を積み重ね，筋道を立てて考えていく必要があります。つまり，説得力のある主張にするためには，「なぜ○○と思うの？」と質問された際に，「私は○○と思います。なぜなら，□□（根拠）だからです」と適切な根拠で説明できるようにする必要があります。そのためには，最終的な結論を出すまでに丁寧に論理を詰めていく必要があります。ロジカルシンキングは，家を建てる作業に似ています。「主張」という屋根を支えるために，「根拠」とい

う柱が必要です。太くしっかりした複数の柱で支えられればあれば屋根はぐらつきません。逆に，柱が弱い，腐っている場合には屋根は崩れしてしまいます。つまり，根拠はできるだけ，ほかの人が見ても納得感のある事実に基づいた適切な内容にする必要があります。

1.3.3 論点を意識して，バランスよく考える

主張を明確にして根拠があれば，それだけで説得力のある主張になるわけではありません。屋根（主張）を支える柱（根拠）に例えると，1つの柱だけでは，柱がしっかりしていても，ぐらぐらして屋根を支えることは難しいですね。それに対して，柱の数を増やすと強固になりますね。ただ，柱が多すぎると説明することが難しくなります。もれなくダブリのない，バランスの良い3～4つ程度の論点に根拠を集約すると説得力があり，説明しやすくなります。

1.4　学び方で意識して欲しいこと　―わかるとできるの違い―

ロジカルシンキングを身につけるためにはどうすればよいでしょうか。また，なぜ，ロジカルシンキングは難しいと感じるのでしょうか。それは，「わかる」ということと「できる」という間に大きな壁があるからです。ロジカルシンキングは，スポーツに似ているところがあります。たとえば，みなさんが野球を始めようと思ったとしましょう。野球に関する本を読んで，バットの握り方や振り方がわかったからといって，すぐにヒットやホームランが打てるわけではありませんね。「できる」ようになるためには，「わかる」⇒「やってみる」⇒「ここができないと気付く」⇒「改善する」⇒「できるまでやる」といった学習のサイクルを繰り返すことが不可欠なのです。

「わかる」を「できる」に持っていくためには学習サイクルの繰り返しが必要

図1.3　わかるとできるの壁

第 **2** 章

グループワークについて

2.1 クラスでの心がけ

ロジカルシンキングをクラスで学ぶ場合には，学びのサイクルを作るために，クラスでは以下の心がけが大切です。

- 積極的にアウトプット（考える，書く，話す）を行う。
- どんどん間違えて，多くの気づきをえる。
- 互いに気を遣わない楽しい雰囲気を作る。

2.2 ブレインストーミング

ブレインストーミングとは，アレックス・F・オズボーンによって考案された会議方式の1つです。集団思考，集団発想法，課題抽出法ともいわれています。参加者が全員積極的に参加して，多くの意見やアイデアを出し合い，そこからアイデアや課題を見つけていくための方法です。

「全員が参加する」「他人の意見を尊重する」「出された意見やアイデアを次につなげていく」という点で，グループで考える際の基本ともいえる大事な考え方です。

ブレインストーミングを行うには，次の4つの原則を意識する必要があります。

- 「批判をしない」：他人の意見を批判しない。批判するとアイデアが出にくくなる。
- 「自由奔放」：こんなこと言ったら笑われないかと考えない。思いついたらどんどん話す。
- 「質より量」：質を考えず，できるだけ多くのアイデアを出す。
- 「連想と結合」：他人の意見を聞いて触発され連想する。他人の意見にアイデアを加える。

特に大事にして欲しい点が3つあります。1つ目は，ほかの人の意見を批判しないこと。「えー」とか「ダメ」とかという声を出したり，嘲笑したりすることは避けてください。2つ目は，自分の意見についても「こんなアイデア，きっとつまらないよな」「こんなこと言ったら，笑われるかも」というように批判しないでください。ためらったり，恥ずかしがったりせず，思いついたらそのまま口に出して話してみてください。3つ目は，短く簡潔に意見を述べてください。限られた時間で多様な意見を出すためにも演説はしないということですね。

2.3 非言語コミュニケーションの大切さ

コミュニケーション行う際に，言葉だけを使って行っているわけではありません。互いに気をつかわない楽しい雰囲気を作るには，優しい言葉遣いも大切ですが，言葉以外の非言語コミュニケーションも重要です。たとえば，グループで意見交換をする場合には，以下のように体の向きに注意していただくと話しやすい雰囲気になります。

図 2.1　グループワークにおける座り方

また，相手の意見を聴く際に，相手が話しにくくなってしまうような態度はとらないようにしてみてください。

×舌打ち　×腕組み　×目を見ない　×ため息　×にらみつける

図 2.2　よくない聴き方

第3章
アイデアの出し方と論理思考の基本的な考え方

3.1 思考の型の大切さ

思考の型の大切さについてお伝えするために，突然ですが，それぞれ30秒間で2つのことを行ってみてください。

問題1：みなさんの家にあるものをできる限りたくさん挙げてください。

問題2：みなさんの家にないものをできる限りたくさん挙げてください。

どちらの方が多く出ましたか。一般的には「あるもの」をたくさん挙げることができた人の方が多く，「ないもの」をたくさん挙げることができた人は少ない傾向にあります。どちらを多く挙げられたかで優劣があるという訳ではありませんが，「ないもの」をたくさん挙げるためには，考えるためのコツが必要です。思考するには，「考え方」を知ること，つまり「思考の型」を知っておいた方が効率的に考えられます。

たとえば，「ないもの」をたくさん挙げるためには，視点をいろいろと変える必要があります。たとえば，動物園を思い浮かべるとか，高級ジュエリー店を思い浮かべる等の工夫が必要です。また，みなさんが大富豪でない限り，ご自身の家に「ないもの」の方が圧倒的に多く，「あるもの」の数の方が少ないですね。つまり，「あるもの」と「ないもの」の特徴を分類すると図3.1のようになります。家にあるものの場合は，目に見える，有限なものを思い浮かべることで発想するため，記憶力に頼ってアイデアを出すことになります。また，ある程度の多様性はあるにしても，生活を行う上で必要なものは共通ですから，人によって大きく変わらないという特徴もあります。一方，家にないものの場合には，目に見えない無限にあるものを，たとえば動物園等の視点によって思い浮かべながら発想するため，思考力によりアイデアを出すことになります。また無限にある「ないもの」を思い浮かべる視点は人それぞれですから，「ないもの」の結果は人によって変わるという特徴もあります。

「ないものを考える」 ⇒ 「新しいものを考える」ためには思考力が必要ということを，このワークを通じて学んでいただけたのではないでしょうか？ また，1.1節「ロジカルシンキングはなぜ必要か」の図1.1でも記載したように，アウトプット（解釈力）が重要となるこれからの時代において，思考力の大切さを再認識していただけたと思います。

8   第3章 アイデアの出し方と論理思考の基本的な考え方

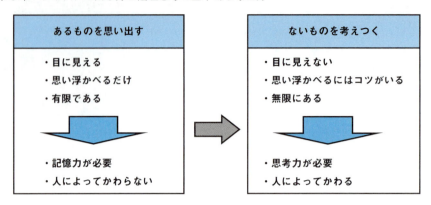

図3.1 「あるもの」と「ないもの」の特徴

3.2 発想の出し方

前節では思考の型の大切さについて述べましたが，本節では具体的な発想の出し方について考えていきましょう。以下のような状況を思い浮かべてみてください。

> **例題 3.1**
> あなたは，おもちゃ会社の新入社員です。これまでにない新たなおもちゃをできる限り考えて欲しい，という依頼を上司から受けました。世の中に数多くのおもちゃが存在しますが，あなたならどのように発想して新しいおもちゃを複数提案するでしょうか？

ある人は，散歩やコーヒーを飲む等の気分転換をしながら常に考え続け，インスピレーション（瞬間的に浮かぶ考え，ひらめき）を頼りにアイデアを創出するかもしれません。もちろんその方法で，この世にない非常にユニークなおもちゃを考えつくことができることもあります。しかし，調べてみると既にそのおもちゃは世の中に出回っており，自分ではこれまでにない新しいアイデアだと思っていても，ただ知らなかっただけ，ということも往々にしてあり得ます。またこのやり方では，発想力が非常に豊かな方以外，複数の提案を思いつくことは難しいと思います。

別の人は，まず現状を知るためにネット検索やおもちゃ屋さん巡りをして，とにかく情報を集めるところから始めるかもしれません。この場合，よく調べることによって世の中に出回っているおもちゃをよく知ることができ，さらに同一ではない商品を発想しやすくなるでしょう。しかしその発想する行為においては，前者と同じくインスピレーションに任せなければならないのでしょうか？

ここで，アレックス・F・オズボーンによって考案された発想法を紹介します。オズボーンのチェックリストともいわれるリストで，ゼロから新しいものを考えずとも発想を広げることができる方法です。なお，アレックス・F・オズボーンと聞いて何か思い出した方はいるでしょうか？「第2章 グループワークについて」で出てきたブレインストーミングを考案した人も，オズボーンさんでしたね。忘れていた方は，再度第2章を見返してみてください。

ブレインストーミングも考案したオズボーンの発想法であるオズボーンのチェックリスト

は，下記の9つになります。

チェックリスト
□ 転用できないか？
□ 応用できないか？
□ 変更できないか？
□ 拡大できないか？
□ 縮小できないか？
□ 代用できないか？
□ 置換できないか？
□ 逆転できないか？
□ 結合できないか？

上記の9つのチェックリストは，少し抽象的ですので，今回のおもちゃに対応させて少し具体化させると次のようになります。

1. 転用できないか？
  1.1 同じおもちゃを使って新しい使い方，遊び方はないか？
  1.2 これまでおもちゃとして使われていたが，ほかの使い方はできないか？
  1.3 子供向けのおもちゃとして販売されていたが，大人向けに変更できないか？

2. 応用できないか？
  2.1 ほかのおもちゃのアイデアを応用して新しくできないか？
  2.2 女の子向けに販売されているほかのおもちゃのアイデアを使えないか？
  2.3 過去にブレークしたおもちゃのアイデアを応用できないか？

3. 変更できないか？
  3.1 色を変えて新しいおもちゃにできないか？
  3.2 形を変えて新しいおもちゃにできないか？
  3.3 デザインを変えて新しいおもちゃにできないか？
  3.4 素材，印象，パッケージを変えて新しいおもちゃにできないか？

4. 拡大できないか？
  4.1 サイズを大きくして別の遊び方はできないか？
  4.2 長くして別の遊びに使えないか？
  4.3 柔らかかったものを固くして別の遊びに使えないか？
  4.4 ペラペラだったものを厚くして別の遊びに使えないか？

5. 縮小できないか？
  5.1 小さくして別の遊び方ができないか？
  5.2 短くして別のおもちゃにならないか？
  5.3 ペラペラに薄くして変形するようにして遊べないか？

10 第3章 アイデアの出し方と論理思考の基本的な考え方

    5.4 固かったものを柔らかくして別の遊びに使えないか？

    5.5 機能を減らすことでよりシンプルなおもちゃにできないか？

6. 代用できないか？

    6.1 現状の部品を別のもので代用できないか？

    6.2 男の向けのおもちゃを女の子向けに代用できないか？

7. 置換できないか？

    7.1 配置を入れ替えて別のおもちゃにできないか？

    7.2 遊ぶ順序を入れ替えて別の遊び方はできないか？

    7.3 付属品を別の場所に取り付けられるようにして別のおもちゃにできないか？

8. 逆転できないか？

    8.1 上下左右を逆にすることで，新しいおもちゃにならないか？

    8.2 大人向けのおもちゃを子供向けに変更できないか？

    8.3 ルールを逆転させて別のボードゲームを開発できないか？

9. 結合できないか？

    9.1 おもちゃ1とおもちゃ2を組み合わせて新しいおもちゃにならないか？

    9.2 おもちゃ1のアイデアをおもちゃ2にあてはめて新しい遊び方ができないか？

9つのチェックリストを踏まえて発想してみると，いろいろなアイデアが考えられると思います。また「7. 置換できないか？」や「9. 結合できないか？」等については，子供のころの遊びで既に経験済みだと思います。自由に考えて，家にあるおもちゃでいろいろな遊びを自然に行っていたと思います。

オズボーンのチェックリストを用いた発想法のように，既存のものを応用しながら新しいものを生み出すことは決して悪いことではありません。さらに，事前にきちんとした情報を収集していれば，より多くのことを応用して考えることができるので，発想もより豊かになります。このように既存のものを応用しながら新しいものを生み出す手法はほかにもあり，アナロジー思考等がオズボーンの発想法とともに有名です。アナロジー思考とは，考えようとしている対象に似た既存のものから共通点を探し，既存のアイデアを借りながら新しいものを生み出していく思考法です。ここではアナロジー思考についてこれ以上踏み込みませんが，アナロジー思考に関する著書も多数出版されているので，興味がある方は調べてみてください。発想力が必要となるこれからの時代において，調査をしっかりとした上で，オズボーンのチェックリストを参考にしながら思考することで，より多くのアイデアを生み出してみましょう。

3.3 演繹法と帰納法

詳しくは第4章や第5章で解説しますが，「1つの結論は必ず2つ以上の根拠でサポートされるため，論理は底辺に行くほど広いピラミッド状に組み上げられる」という論理の基本があります。また結論はメッセージに置き換えることができ，根拠はサブメッセージに置き換えて考えることもできます。そのため，論理の基本単位は単語ではなく，主語と述語で組み上げら

れたメッセージとなります。そしてそのメッセージを組み上げる基本構造に，ここで学ぶ「演繹」と「帰納」という2つの方法があります。つまり，「○○は△△である」という結論を導くための根拠の使い方に，演繹法と帰納法があると理解してください。

では演繹法と帰納法の違いについて，次の例題を元に考えてみましょう。

例題 3.2

あなたは子供向けの靴屋さんをしています。次の「上靴」という漢字にフリガナをつけて子供でも読めるポップをつけて販売しようとしていますが，どちらのフリガナが正しいでしょうか？

① うわくつ
② うわぐつ

この例題に対して，長靴，作業靴，登山靴等，○○靴と「靴」の前に言葉がつくほかの対象を思い浮かべ，

　　長靴→なが**ぐ**つ
　　作業靴→さぎょう**ぐ**つ
　　登山靴→とざん**ぐ**つ

と読むことから，「○○靴のように靴の前に言葉がつく場合には**ぐつ**と濁点をつけて読む」という共通のルールが抽出できます。具体例からルールをみつける思考プロセスのことを帰納法や帰納的思考といいます。高校の数学で，数学的帰納法という証明方法を学習した人もいると思います。$n=1, 2, 3$ と代入してみて，具体例からルールや法則を見つける方法を思い出していただけると帰納法や帰納的思考の考え方がわかりやすくなると思います。

一方，帰納法で導いた「靴の前に言葉がつく場合には**ぐつ**と濁点をつけて読む」というルールを大前提とし，「上靴は，上＋靴だから靴の前に言葉がついている」という小前提をあてはめて，②の上靴→うわぐつ　が正しい，という結論を導く方法や思考プロセスのことを演繹法や

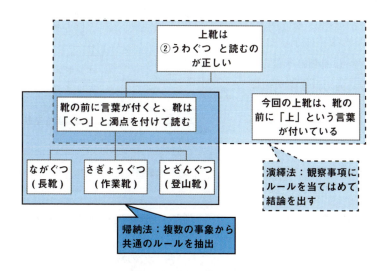

図 3.2　例題における帰納法と演繹法のまとめ

演繹的思考といいます。これまでの上靴の例題における帰納法と演繹法をまとめると図3.2のようになります。また図3.2を踏まえて帰納法と演繹法における結論までの流れを図式化したものを図3.3に示します。

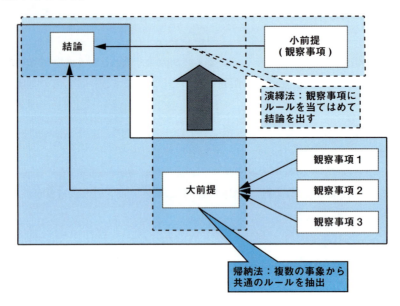

図3.3　帰納法と演繹法の結論までの流れ

なお，演繹法は三段論法ともいわれます。大前提→小前提→結論という順番でピラミッドの下層から上層に積み上げられることで，正しい三段論法が組み上げられます。たとえば，

① 鳥は卵を産む
② ペンギンは鳥である
③ だからペンギンは卵を産む

という論法は，正しく三段論法が組み上げられている状態になります。図で示すと図3.4のようになります。「① 鳥は卵を産む」は鳥類の本質的な性質で，全体的に当てはまる大前提です。次に「② ペンギンは鳥である」はペンギン以外にもアヒルや鴨等鳥はたくさんいますが，ペンギンは鳥類に属する生物なので，正しい小前提として成立します。そのため，図3.3に示したように大前提と小前提から導かれる結論として「③ だからペンギンは卵を産む」という結論が成立します。この三段論法の積み木を図にすると図3.4になります。大前提の積み木の方が大きい，つまりより一般的なルールであることに注意してください。

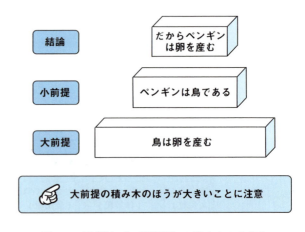

図3.4　演繹法（三段論法）の積み木の大きさ

では，次の三段論法の例題について考えてみてください．この論法が正しいか正しくないか，また正しくない場合にはどこが間違っているかについて，考えてみましょう．

> **例題 3.3**
> 辛いものが苦手なBさん（男子）を，Aさん（男子）が無理やり一緒に食べに行くように誘っている場面において，
> Aさん：「俺は辛い物が好き．そして俺は男子．だから男子は辛い物が好きなんだ．一緒に食べに行こう！ 絶対おいしいから！！」
> Bさん：「俺も実は辛い物が食べれるのかな……」

いかがでしょうか？ Aさんが導いている演繹法の結論は本当に正しいでしょうか？ Aさんの会話を分解して考えてみると次のようになります．

① 俺は辛い物が好き
② 俺は男子
③ だから男子は辛い物が好き

しかし，①～③の積み木構造の大きさを考えてみると

① 俺は辛い物が好き → 一部の場合に当てはまる前提 ⇒ 小前提として成立
② 俺は男子 → 全体からみて当てはまる前提 ⇒ 大前提として成立
③ だから男子は辛い物が好き → 三段論法に従っていない間違った結論

となり，図3.5のような三段論法になります．つまり，小前提の上に大前提を積み上げて結論を導いているので，正しい三段論法（演繹法）とはなっていないということです．

しかしここで注意が必要なのは，小前提も大前提も正しいことを述べているということです．Aさんは男子ですし，辛い物も好きなので，それぞれで述べていることは論理的に正しいのです．しかし演繹法として結論を導く際に，小前提 → 大前提 → 結論という間違った順番で論理を組み立てているので，結論としては正しくな

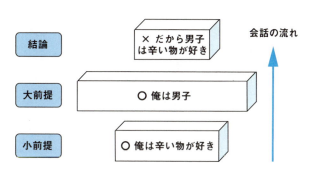

図 3.5 例題の演繹法の積み木

いことになります．これは日常にもよく起きる論理のトリックでもあり，文字として読むと間違えに気づきやすいですが，会話の中でサラサラっと言われると，一見正しく聞こえてしまうことがあるので，注意が必要です．つまり，演繹法は大前提 → 小前提 → 結論という正しい順番と論理の積み木の大小関係が成立しなければ成立しない，ということをよく理解してください．

最後に，帰納法についても例題で考えてみましょう。

> **例題 3.4**
> 　全国放送のテレビ番組でアナウンサーが次のようなことを話していました。さて，本当でしょうか？
> 　アナウンサー：「高松駅前の若者 100 人にアンケートをとった結果，ランチメニューNo.1 はうどんでした。最近の若者にはうどんが流行しているようです！」

どのように思われましたか？　全国的に若者にうどんが流行しているのでしょうかね？？

複数の観察事項から共通するルールを導き出し，そのルールを用いて結論を導くという帰納法の流れは例題 3.4 でも正しく行われています。そのため，一見このルールは正しいように思います。しかしこのルールを導き出すサンプルは適切でしょうか？　全国の若者の傾向を知りたいのに，そのサンプルが高松駅前の若者 100 名で十分でしょうか？

これが帰納法の落とし穴です。帰納法として正しい手順で思考していても，局所的サンプルまたは不適切なサンプルから発見した共通点でより一般的な結論を導くことはできない，ということです。今回のケースでいえば，全国の若者を対象に調査をしなければ十分な共通点（ルール）を導きだせない，ということです。演繹法の例題同様に，当たり前のように感じるかもしれませんが，日常会話等で急に言われると正しいと思ってしまうトリックなので，気をつけるようにしてください。

以上が演繹法と帰納法になります。これまでの説明をまとめると図 3.6 となります。結論を導くまでの考え方として活用してください。

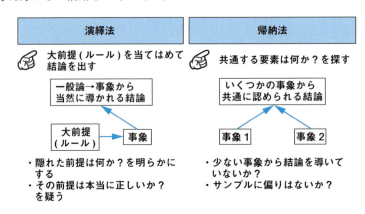

図 3.6　演繹法と帰納法のまとめ

3.4　逆・裏・対偶

論理的思考において 3.3 節で説明した演繹的思考 & 帰納的思考と同じように大切なのが「逆・裏・対偶」になります。これも高校数学で学習した人がいると思いますが，逆・裏・対偶について，次の例題から始めてみたいと思います。

> **例題 3.5**
>
> 　創造工学部の学生 A さん，農学部の学生 B さん，学籍番号にアルファベットの T がつく学生 C さん，学籍番号にアルファベットの A がつく学生 D さんの 4 名がいます。「創造工学部の学生ならば学籍番号にアルファベットの T がつく」というルールを最小回数で調べるためには，だれを調べればよいでしょうか？

いかがでしょうか？　答えはわかりましたか？
　　　答え：A さん　と　D さん
の 2 名を調べればよいことになります。この例題を解くカギこそ，逆・裏・対偶になります。

逆・裏・対偶の関係は，

「P ならば Q である（P ⇒ Q）」という命題に対して，
　　逆　：Q ⇒ P
　　裏　：P でない（P の否定）　⇒　Q でない（Q の否定）
　　対偶：Q でない（Q の否定）　⇒　P でない（P の否定）

と定義されます。この関係を図示すると図 3.7 になります。

　また P ⇒ Q という命題が真（正しい）であれば，その対偶：Q でない ⇒ P でない　も真（正しい）という論理が成立します。さらに，P ⇒ Q が真でも，その逆・裏は必ずしも真ではない，という論理関係も成立します。たとえば，「人間は動物」であるという命題に対して，この命題は真です。しかし，逆：動物は人間である　や裏：人間でなければ，動物ではない　は必ずしも正しくありませんね。しかし，対偶：動物でなければ，人間でない　は正しい命題です。

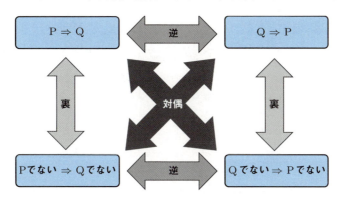

図 3.7　逆・裏・対偶の関係

　さて，逆・裏・対偶の関係が理解できたところで，先の例題に戻りましょう。「創造工学部の学生ならば学籍番号にアルファベットの T がつく」という命題において，

　　　P：創造工学部の学生である
　　　Q：学籍番号にアルファベットの T がつく

とすれば P ⇒ Q の命題になります。またこの命題の対偶は，「学籍番号にアルファベットの T

16 第3章 アイデアの出し方と論理思考の基本的な考え方

がつかなければ，創造工学部の学生ではない」となります。元の命題「P ⇒ Q」とその対偶「Q でない⇒ P でない」が確かめられれば，この命題が真（正しい）かどうかを確かめることができることになります。A さんは創造工学部の学生なので，A さんの学籍番号を教えてもらい，学籍番号にアルファベットの T がついていれば，P ⇒ Q の命題が真であることが確かめられることになります。また学籍番号に T ではなく A がついている D さんの所属が創造工学部以外であれば，Q でない⇒ P でない　の対偶が真であることも証明されるということです。なお，このような論理思考を対偶法とも呼びます。ある命題（問題）に対しての逆・裏・対偶の関係をとらえて論理的に対応すると，より効率的かつ正確に物事を考えることができますね。

◆ コラム1　隠れた前提

　3.3 節では演繹法と帰納法について説明しました。図 3.3 に示したように，演繹的思考法では小前提に大前提をあてはめて結論を導きましたね。この大前提とは，それぞれの人が持っている前提であり，かつそれぞれの人が共通であるからこそ，大前提となりうる前提でした。

　またそれぞれの人が共通にこの大前提を持っているだろう，という暗黙の了解から，大前提 ⇒ 小前提 ⇒ 結論という3段論法の演繹的思考の正しい流れが，日常的には，小前提 ⇒ 結論となってしまうことも多々あり，大前提への認識が薄れることもあります。このように，みんな共通だろうという認識から，意識しなくなってしまっている大前提のことを「隠れた前提」といいます。

　しかし，自分が大前提と思っていた前提は本当にそれぞれの人にとって共通なのでしょうか？ 自分が大前提と思っていたことを疑ってみたことはありますか？ 世の中には，この隠れた前提に意識を向け，大前提を疑うことでこれまでにない大ヒット商品を開発した事例がいろいろとあります。代表的な事例でいえば，3M 社のポストイット（付箋）がまさにそれです。

　接着剤といえば，物質と物質を接着するもので，接着力が強いほど優れている，というのが当時の大前提でしたし，接着剤を買うとなれば，みなさんも接着力の強い接着剤を欲しがると思います。しかし今から 40 年以上も前に，3M 社のある研究者が開発した新しい接着剤は，接着力が弱くすぐに剥がれてしまうものでした。「接着剤 = 接着力が強い方がよい」という隠れた前提を疑わなければ，この開発した新しい接着剤が脚光をあびることはなかったでしょう。しかし素晴らしいことに，この「接着力が強い方がよい」という隠れた前提を疑い，接着力が弱いからこそ強みになるポストイットを開発したことで，大成功を収めたのです。

　ほかにも隠れた前提を疑って成功した事例はいろいろとあります。みなさんもよく利用しているネットショッピングとか，……等です。隠れた前提を疑って成功した事例を調べてみるとよいと思います。またこれからは価値観も複雑な多様性の時代です。少し前まで大前提と思っていたことが大前提ではなくなる時代です。みなさんも隠れた前提に意識を向ける癖をつけておくとよいと思いますよ。

第4章
わかりやすく伝える方法

4.1 先に「結論」，次に「根拠」

自分が考えていることを相手にわかりやすく伝えることは大切です。ここでは，次のような例題を考えてみましょう。

> **例題 4.1**
>
> ある部活で部長を務める A さん，部室がとても汚いので掃除しなければいけないことに気が付きました。理由はいろいろありますが，ひとまず部員を集めて呼びかけました。「顧問の先生が来たときに怒られるかもしれないよ。床がこんなに汚れていたら滑りやすいし，気分も落ち込むよね。机の上が散らかったままだとなんだか落ち着かないし，作業もしにくいよね。棚の中も整理しないと備品も出し入れしにくいよね。それに，部室が綺麗だと新入生が見学に来たときにも良い印象を持ってもらえるかもしれないよ。だから，部室を掃除しよう」。さて，A さんの言葉を聞いた部員はすぐに理解できるでしょうか？ もっとわかりやすく伝える話し方はあるでしょうか？

論理的に考える，つまり筋道を立てて考えるためには，「結論」と「根拠」をうまく結びつけなければいけません。考え方は 2 通りあります。

- 「結論」なぜなら「根拠」
- 「根拠」だから「結論」

どちらで考えても構いません。根拠を積み重ねて結論に至る場合もありますし，直感的にまず結論を思いついて，その後に根拠を考えるのも良い方法です。

しかし相手に伝えるときには，先に「結論」，次に「根拠」の順に進めると聞き手にとって理解しやすくなります。「結論」を言わずに「根拠」を長々と話してしまうと，聞き手は何が言いたいのか理解できないままで話を聴くことになります。その結果，話し手の意図とは違った結論を思いつくかもしれませんし，根拠に疑問を持つかもしれません。

A さんの例では，「根拠」はたくさんありますが，「結論」は部室を掃除したいという事です。ところが，部員は A さんの話を聞きながら，「今日，顧問の先生が来るのかな？」「床を汚したのは誰だっけ？」「新入生が部室まで見学に来ることってあまり無いよね」等と余計なことを考えてしまいます。最後に「結論」として「だから掃除しよう」と言われても，聞き手はその瞬間にうまく「結論」と「根拠」を結びつけることができません。結果として A さんの呼びかけは説得力の乏しいものになってしまいます。

18   第4章　わかりやすく伝える方法

　では，どうすれば伝わりやすくなるのでしょうか。まず，「結論」を先に話すことで遥かに説得力のある話し方になります。「部室を掃除しよう。部室がこんなに汚いと顧問の先生が来たときに怒られるかもしれないよ。床がこんなに汚れていたら滑りやすいし，気分も落ち込むよね。机の上が散らかったままだとなんだか落ち着かないし，作業もしにくいよね。棚の中も整理しないと備品も出し入れしにくいよね。それに，部室が綺麗だと新入生が見学に来たときにも良い印象を持ってもらえるかもしれないよ」

　さらに，説得力を持たせるにはどうすればよいでしょうか。「根拠」を整理してなるべく簡潔な「理由」と「具体例や裏付け」を話すようにしましょう。「具体例や裏付け」は最後に付け加えるようにします。

> 「部屋を掃除しよう。なぜなら，部員みんなが快適に過ごせるし，部外者にも良い印象を持ってもらえるからね。たとえば，床が綺麗だと滑らないし気分も明るくなるよね。机の上も片付けておくと落ち着いて作業もしやすくなるよね。棚の中も整理しておくと備品の出し入れもやりやすいよね。それに，顧問の先生が来たときにも怒られることはないし，新入生が見学に来たときにも好印象を持ってもらえるんじゃないかな」

　このように，先に「結論 (Conclusion)」，次に「理由 (Reason)」，最後に「具体例や裏付け(Fact)」の順番に話をすると説得力を持たせることができます。この順序は頭文字をとって「CRF」と言います。説得力のある話し方をするためには「CRF」を意識しましょう。

4.2　イシューを設定する

　イシューとは，目的や論じるべき点のことです。会議の場では「議題」，コミュニケーションの場では「話題」や「聞き手の関心事」，問題解決の場では「解決すべき課題」をイシューと言います。わかりやすく伝えるためにはイシューを明確にする必要があります。ここでは，次のような例題を考えてみましょう。

> 例題 4.2
>
> 　卒業研究に取り組んでいる A さんは，指導教員の B 先生から 1 週間前に実験 X をするように言われていました。今日は B 先生から実験 X の進捗を尋ねられたので，次のように答えました。「実験 X の前に，実験 Y をやってみました。実験 Y はすごく時間がかかりましたがなんとか結果がでました。実験 Y の結果を見ると新しい疑問点が出てきました。それを調べるためには実験 Z もやってみました。そして，今は実験 Z の結果と実験 X の結果を比較検討しています」これを聞いた B 先生は納得するでしょうか？実は A さんは B 先生から言われた実験 X に加えて実験 Y と実験 Z の三つの実験を 1 週間で頑張ってやり遂げたのですが，B 先生にそれが伝わるでしょうか？

　この会話のイシューは明らかに「実験 X の進捗はどうか？」です。B 先生の関心事は具体的に以下のような事柄です。

- A さんの会話からはそもそも実験 X を行ったのか。

- 実験 X は順調にトラブルなく行えたのか。
- 実験 X の結果はどうだったのか。

A さんはこれらの事柄を説明する前に実験 Y について説明を始めてしまいました。B 先生は「実験 X をやらずに実験 Y をやったのか？」と誤解されるかもしれません。A さんは，実験 X の前に実験 Y をやったのだから先に実験 Y について説明しようと考えたのかもしれません。確かに，時系列に説明した方がよい場合もありますが，この場合は実験 Y について説明を始めるとイシューがずれた会話になってしまいます。イシューがずれると聞き手に余計な誤解を与えたり，納得感が得られなかったりします。

イシューは絶対に変えてはいけないものではありません。話し手と聞き手で共有されていることが重要です。A さんが時系列に実験 Y から説明したいのであれば，先に実験 X について簡潔に説明した後，改めて実験 Y から説明すればよいのです。

> 「実験 X はトラブルも無く順調に行えました。妥当な結果も得られています。でも，実験 X の前に実験 Y と実験 Z を行いましたので，実験 Y，実験 Z，実験 X の順番に説明します。実験 Y は…，実験 Z は…，実験 X は…」

ここでのポイントは「実験 Y，実験 Z，実験 X の順番に説明します」と言うことでイシューを変えたことを聞き手に伝えることです。聞き手がイシューを変えたことを理解すれば，その後の説明も理解しやすくなります。

さらに，イシューが変えてもよいかどうかを聞き手に確認しながら会話を進めることができれば，さらに理解はスムースになります。A さんの例では，「実験 X はトラブルも無く順調に行えました。妥当な結果も得られています。でも，実験 X の前に実験 Y と実験 Z を行いましたので，実験 Y，実験 Z，実験 X の順番で説明してもよろしいでしょうか？」と言って，B 先生に同意をもらってから，実験 Y についての説明を始めるとよいでしょう。

友達どうしの他愛のない会話では，イシューのずれた会話も楽しいかもしれません。ビジネスの場ではイシューがずれた会話をしてしまうと，的確な結論が得られなかったり結論を得るために無駄な時間がかかったりしますので，悪い印象を持たれてしまいます。学生生活でも研究や授業の場ではイシューを意識した会話を心がけておく必要があります。

4.3 枠組みを考える

説得力のある主張をするためには，その主張を支えるための根拠を明確にする必要があります。いくつかの根拠で主張を支える際の大きなポイントを枠組みと言います。ここでは A さんが，ある映画をみんなに勧める場合を考えてみましょう。

この場合のイシューは，「この映画をみんなにお勧めするべきか？」ということになります。A さんは，主張に説得力を持たせるために，様々な根拠を交えて主張することになります。

20 第4章 わかりやすく伝える方法

例題 4.3

「私は今度公開された映画をお勧めします。まず，この映画の監督と脚本は○○です。いろんな作品で監督や脚本をやっているので有名ですよね。脚本の出来が良いからだと思うのですが，ストーリーが良く作り込まれていて，いろんなところに伏線が張られていて面白いです。それに，俳優の△△や女優の□□も出演しています。この人たちもいろいろな作品に出演していて有名ですよね。いろいろなシーンでコンピューターグラフィックが使われていますが，すごくお金がかかっているらしく，本物と区別がつかないくらいに良くできています。効果音も素晴らしくて，とても迫力のあるシーンがたくさんあります。ちなみに，製作費は6千万ドルだそうです。最後にあっと驚くようなラストシーンもあります。面白いですし，そこで流れる音楽も素晴らしいです」

　説得力のある主張をするためには理由をたくさん挙げなければならないと考えてしまいがちですが，そうではありません。理由をたくさん挙げても聞いている人は覚えきれません。その結果，むしろ説得力に欠ける主張になってしまうのです。説得力のある主張をするためには，論点を3つくらいにまとめる必要があります。こうした論点のセットのことを「枠組み」といいます。枠組みを考えることによって聞き手は論点を整理して理解することができ，説得力のある主張に繋がります。

　言いたい事実はたくさんあっても構いませんが，それを3つくらいの論点にまとめます。たとえば，映画の魅力を伝えるためのポイントはたくさんあります。監督，脚本，俳優，女優，ストーリー，伏線，ラストシーン，映像，効果音，音楽，製作費等です。たとえば，次のように3つの論点にまとめることができます。

- スタッフ：監督，脚本，俳優，女優
- ストーリー：伏線，ラストシーン
- 映像と音声：映像，効果音，音楽，製作費

これを踏まえると，Aさんの主張は次のようになります。

「私は今度公開された映画をお勧めします。お勧めするポイントは3つあります。一点目は豪華なスタッフ陣です。監督と脚本は○○です。いろんな作品で監督や脚本をやっているので有名ですよね。それに，俳優の△△や女優の□□も出演しています。この人たちもいろいろな作品に出演していて有名ですよね。二点目は，ストーリーです。ストーリーが良く作り込まれていて，いろんなところに伏線が張られていて面白いです。最後にあっと驚くようなラストシーンもあります。三点目は素晴らしい映像と音声です。この映画の製作費は6千万ドルだそうで，映像制作にもすごくお金がかかっています。いろいろなシーンでコンピューターグラフィックが使われていますが，本物と区別がつかないくらいに良くできています。また，効果音も迫力があります。ラストシーンで流れる音楽も素晴らしくて感動します。豪華なスタッフ陣で，良く作り込まれたストーリー，素晴らしい映像と音声のこの映画を是非観てください」

最初に「ポイントは3つあります」と言うことで，聞き手に3つのポイントを聴くための準備をしてもらいます。そのうえで，論点を順番に「一点目は… 二点目は… 三点目は…」と話を進めます。最後に3つのポイントを繰り返すことで記憶にとどめてもらいます。このように枠組みを考えて，論点を3つくらいにまとめることで説得力のある，わかりやすい主張ができるようになります。

4.4　論理の三角形（主張と根拠）

わかりやすい主張をするためには，前節で解説したように3つ程度の論点にまとめることが重要です。しかし，3つ程度にまとまっていればどのようなものでもよいという訳ではありません。それらの論点が適切に主張を支える根拠になっていることも重要です。これはちょうど，主張を頂点，根拠を底辺とする三角形だと考えることができます。これを論理の三角形と言います。バランスの良い論理の三角形を作ることが論理的でわかりやすい伝え方といえます。論理の三角形の頂点の高さは主張の強さを表し，底辺の長さは根拠の広がりを表しています。図 4.1 (a) のように，主張が十分に強くて根拠も十分に広い三角形が理想的です。

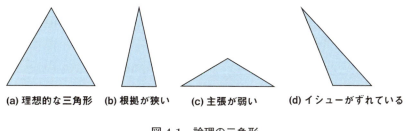

図 4.1　論理の三角形

図 4.1 (b) のように主張が十分に強くても，それに見合った根拠が示せない場合は説得力がありません。たとえば，映画を勧める3つの論点として「映像」と「効果音」と「音楽」を挙げて説明した場合はどうでしょうか？　聞き手は，「スタッフはどうか？」「ストーリーはどうか？」と考えてしまいます。つまり，「この映画をみんなにお勧めするべきか？」というイシューに対して，「映像」と「効果音」と「音楽」だけでは根拠として不十分で，適切に支えられている状態になっていないといえます。

図 4.1 (c) のように十分な根拠が示せても主張が弱い場合もあります。前節で解説したように「この映画をみんなにお勧めすべきか？」というイシューに対して，この映画はお勧めです。という主張をして，なぜなら，「スタッフがよい」「ストーリーが面白い」「映像と音声が素晴らしい」という根拠で話を展開するとよいでしょう。しかし，「スタッフに俳優の○○が出ていて，映像と音声は○○が制作していて，ストーリーの作者が□□です」という主張であれば，主張が曖昧でわからないですね。研究発表の場等で，多くの事実を集めたにもかかわらず，あいまいな主張をしてしまい「結局何が言いたいの？」と言われてしまうのがこのパターンです。

図 4.1 (d) のようにイシューがずれている場合も注意が必要です。「昨日行った映画館をお勧めすべきか？」というイシューに対して，昨日観た映画の「スタッフ」「ストーリー」「映像と音声」という枠組みで話を展開しても全く説得力がありません。これでは，映画館をお勧めす

るのではなく，映画を紹介している説明になってしまいますね。映画館の魅力を伝える新たな枠組みを考える必要があります。

　以上のように，主張を適切な根拠で支えた構造を論理の三角形としてイメージしておくと説得力のある主張をする上で役立ちます。

4.5　適切な事実との紐づけ

　理想的な論理の三角形を作るためには十分な根拠となる事実を集めて，紐づける必要があります。普通は，明白な事実だけを並べても不十分ですから，自分で必要な情報を集めなければなりません。事実を十分に集めることができなければ主張を支える根拠が弱くなりますし，逆にむやみにたくさんの情報を集めても時間を浪費するだけで効率が良くありません。

　次のような文章の説得力を高めるためにはどのような情報を集めればよいか考えてみましょう。

　「この映画は素晴らしい。なぜなら6千万ドルもの製作費が使われていて，そのためにコンピューターグラフィックが良くできているからだ」

　この文章の主張は「この映画は素晴らしい」ということです。この主張を支える根拠は「コンピューターグラフィックが良くできている」ということです。さらにそれを支える根拠として「6千万ドルもの製作費が使われている」ということになります。

　まず，時間を浪費しないために，「どのような情報を集めるか」を考える必要があります。基本的に，以下の2つの観点で集めるべき情報を考えます。

- 根拠の弱い部分を補強するための情報
- 既に述べている主張や根拠が正しいかどうかを確かめる情報

この例では，集めるべき情報は以下のようになります。

- コンピューターグラフィック以外にも，この映画の良い点はないか？
- 製作費以外にも，コンピューターグラフィックが良くできているといえる事実はあるか？
- 製作費とコンピューターグラフィックの出来には関連があるのか？
- そもそも6千万ドルの製作費は高額といえるのか？
- 製作費が6千万ドルだという根拠はあるのか？

　集めるべき情報が決まったら，次に「どのように集めるか」を考えます。情報を収集する手段には，インターネット，書籍，論文，新聞，雑誌，データベース，ヒアリング，アンケート等，様々なものが考えられます。これらの手段の中から以下のような観点でメリット，デメリットを比較して適切なものを選択します。

- 有料か，無料か？
- 簡単か，難しいか？
- 量が多いか，少ないか？
- 正確か，不正確なものも混ざっているか？
- 最新のデータか，古いデータか？

インターネット検索は今や最も手軽に行える情報収集の手段といえます。使いこなすことができれば非常に有益なツールになりますが，その反面，不正確な情報や古いデータが混ざっていることが多々あります。インターネット検索で得られた情報は単純に鵜呑みにすることはできません。信頼できる情報かどうかを見極める必要があります。必要に応じてほかの情報収集の手段でも調べてみる必要があります。

◆ コラム2　なぜ，論点を一度に多く伝えるとよくないのか？

　人間の脳の記憶には，「長期記憶」と「短期記憶」の二種類があるといわれています。長期記憶は人間が何度も繰り返したり時間をかけたりして獲得した記憶で，短期記憶は目や耳等の感覚器官から得た情報や長期記憶から引き出された情報の一時的な記憶です。

　話を聴くときや文章を読むときに，まず使われるのは短期記憶です。短期記憶には限界があり，たくさんの物事を一度に覚えておくことができません。古くから短期記憶の限界は 7 ± 2 だといわれてきました。つまり人間は5個から9個程度の物事しか同時に覚えることができないということです。さらに，最近の研究では 4 ± 1 ともいわれます。つまり3個から5個程度が限界ということです。このように諸説ありますが，いずれにしても短期記憶には限界があり，一度に多くのことを伝えようとすると聞き手や読み手は覚えきれなくなって「わかりにくい」と感じてしまうのです。

第5章
ピラミッドストラクチャーで文章を考える

5.1 ピラミッドストラクチャーとは何か

　大学生活の中では，レポートや論文，プレゼンテーションで比較的長い文章で相手に自分の主張を伝えることが多くなります。社会人になればさらにその機会が増えます。ここでは，「ピラミッドストラクチャー」というものを活用して文章を考える方法を解説します。

　ピラミッドストラクチャーは図5.1のように1つの主張を多くの根拠で支える構造のことを言います。第4章で述べたように，論点を3つくらいにまとめた「枠組み」で考えるとわかりやすくなりますので，主張を直接支える根拠は3つくらいになります。さらに，それらの根拠もそれぞれ3つくらいの根拠によって支えられています。ひとつひとつは単純な3つくらいの論点で構成されているにも関わらず，最終的には多くの根拠で1つの主張を支える構造になっています。

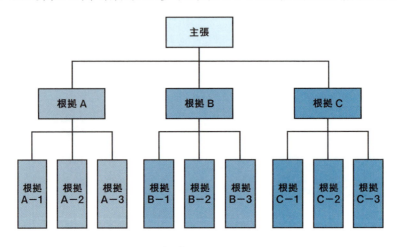

図5.1　ピラミッドストラクチャー

　ピラミッドストラクチャーでは，それぞれの階層で「なぜなら」「だから」の関係が成立している必要があります。上の階層では次のような関係が成立しています。

- 「主張」なぜなら「根拠A」「根拠B」「根拠C」
- 「根拠A」「根拠B」「根拠C」だから「主張」

下の階層でも同様で，たとえば「根拠A」について，次のような関係が成立しています。

- 「根拠A」なぜなら「根拠A-1」「根拠A-2」「根拠A-3」
- 「根拠A-1」「根拠A-2」「根拠A-3」だから「根拠A」

上から下に向かっては「なぜ (Why)」という問いに答える関係になっています。ピラミッドストラクチャーでは，それぞれの階層で適切な根拠によって支えられた構造になっています。

下から上に向かっては「だから何 (So What)」という問いに答える関係になっているともいえます。「だから何」に対する答えを「メッセージ」と言います。一番上の主張を「メインメッセージ」と言い，2 段目のメッセージを「キーラインメッセージ」と言います。つまりピラミッドストラクチャーは多くの事実（「根拠 A-1」〜「根拠 C-3」）から，いくつかのキーラインメッセージを抽出し，さらにキーラインメッセージからメインメッセージを導く，という構造になっているともいえます。

5.2 文章を作成する

ここではピラミッドストラクチャーを描きながら文章を作成する方法を解説します。第 4 章で解説した「論理の三角形」を思い出してください。ピラミッドストラクチャーを描いたときに，まさにピラミッドのような綺麗な三角形を構成するように根拠をまとめることができれば説得力が高い主張ができるでしょう。次のような例題を考えてみましょう。

例題 5.1

4 年生の A さんは B 先生の研究室に所属しています。B 先生から研究室の忘年会をやりたいので企画して欲しいとのメールを受け取りました。B 先生からのメールは，「A さん，再来週あたりに研究室のメンバーで忘年会をやりませんか？ メンバーの意見を取りまとめて忘年会を企画してくれると嬉しいです。私は再来週であれば何曜日でも大丈夫ですが，ほかの予定もあるので今週中に企画してくれますか？ 私は特に食べ物の好き嫌いはありませんので，メンバーの好みで選んでもらって構いません。よろしくお願いします」と書かれていました。

すぐに A さんは B 先生に返信しました。「B 先生，わかりました。今週中に企画してご連絡します」この後，A さんはどのように企画し，それを B 先生に伝えればよいでしょうか。ピラミッドストラクチャーを描きながら考えていきましょう。

A さんはキャンパスの近くに新しくできたイタリアンレストランで忘年会をすればよいのではないか，と考えました。この時点では，まだ「仮説」にすぎません。単に A さんが直感的によいと思っただけです。強いて言えば新しいレストランなのでみんな喜んでくれるのではないか，ということもあります。この状態をピラミッドストラクチャーで描いたものが図 5.2 (a) です。ピラミッドストラクチャーに描いてみると，いくつかの事実が見えてきます。

- イシュー（忘年会の企画をどうするか？）に対して，完全に答えられていない。お店だけでなく日時も決めなくてはいけない。
- A さん以外の研究室のメンバー全員がどう考えているか，確認していない。
- そのレストランが本当に適切かどうかわからない。

ここで，研究室のメンバー全員に「忘年会はどのような企画がよいですか？」といった漠然とした意見を求めるのは避けましょう。漠然とした意見を求められると回答する側も困ります

26　第 5 章　ピラミッドストラクチャーで文章を考える

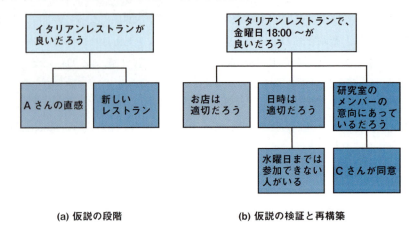

(a) 仮説の段階　　　　　　　(b) 仮説の検証と再構築

図 5.2　ピラミッドストラクチャーを構成する過程

し，意見をまとめるのにも時間が掛かってしまいます．この例では，B 先生からは「今週中に」と言われていますから，時間を無駄にできません．ひとまず A さんは，たまたま研究室にいた大学院生の先輩 C さんに意見を聞いてみました．C さんによると，「新しいレストランなので行ってみたい」という意見と，「大学院生の中には水曜日まではレポート課題に追われていて参加できない人がいる．木曜日か金曜日がよい」という情報が得られました．これらの事柄を反映させてピラミッドストラクチャーを書き換えたものが図 5.2 (b) です．説得力のある主張をするために，「お店は適切か？」「日時は適切か？」「研究室メンバーの意向はどうか？」という枠組みを作りました．図 5.2 (b) を見ると，ピラミッドストラクチャーとしては以下のような観点で不完全だとわかります．

- 研究室メンバー全員の意見をまだ聞いていない．
- 日時（金曜日 18:00 〜）が適切かどうか，確認が必要である．
- お店が適切かどうか，調査が必要である．

そこで A さんは，研究室メンバー全員にメールで「イタリアンレストランでよいか？」「何曜日が参加可能か？」を聞きました．それと同時に，友人とランチでそのお店に行ってみることにしました．その結果，以下のような事実が得られました．

① 明るい雰囲気で研究室の忘年会に向いている．
② 食事メニューが豊富で，味も美味しい．
③ お店の店員さんに確認したところ，金曜日の予約は可能である．
④ 水曜日までは参加できない人がいる（C さんの情報どおり）．
⑤ 木曜日より金曜日を希望する人が多い．
⑥ キャンパスからレストランまでは徒歩 5 分くらいなので，授業終了後にレストランに向かっても 18:00 には間に合う．
⑦ メンバーの中でイタリアンが苦手な人はいない．
⑧ メンバー全員が参加できることを確認できた．
⑨ 新しいレストランなので行ってみたい人が多数いる．

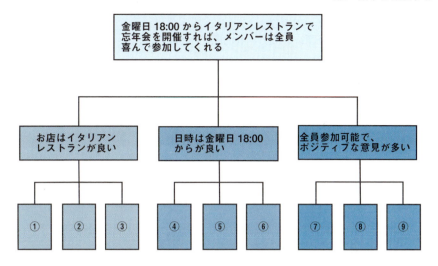

図 5.3　完成したピラミッドストラクチャ

B先生，忘年会を企画しました。金曜日 18:00 からイタリアンレストランで行います。メンバーは全員喜んで参加してくれると思います。理由を「お店」「日時」「研究室メンバーの意向」の3つの観点で説明します。

お店について
お店はキャンパスの近くに新しくできたイタリアンレストランで行うのが良いと考えます。
実際に友人とランチに行ってみたのですが，明るい雰囲気で研究室の忘年会に向いています。食事メニューも豊富で，味も美味しいです。お店の店員さんに確認したところ，金曜日の予約は可能とのことです。

日時について
日時は金曜日の 18:00 が最適です。
大学院生の中には水曜日まではレポート課題に追われていて参加できない人がいますので，木曜日か金曜日が候補になります。メンバー全員にメールで確認したところ，金曜日を希望する人が多いです。キャンパスからレストランまでは徒歩 5 分くらいなので，授業終了後にレストランに向かっても 18:00 には間に合います。

研究室メンバーの意向
研究室メンバー全員参加可能でポジティブな意見が多数ありました。
メンバー全員にメールで確認したところ，メンバーの中にイタリアンレストランが苦手な人はいませんし，全員が参加できることも確認しました。新しいレストランなので行ってみたいという人も多いです。

図 5.4　ピラミッドストラクチャーに基づく文章

28 第5章 ピラミッドストラクチャーで文章を考える

B先生，忘年会を企画しました。金曜日18:00からイタリアンレストランで行います。
理由は以下のとおりです。

・お店は明るい雰囲気で研究室の忘年会に向いています。
・食事メニューが豊富で，味も美味しいです。
・お店の店員さんに確認したところ，金曜日の予約は可能です。
・水曜日まではレポート課題に追われていて参加できない人がいます。
・木曜日より金曜日を希望する人が多いです。
・キャンパスからレストランまでは徒歩5分くらいなので，授業終了後にレストランに
　向かっても18:00には間に合います。
・メンバーの中でイタリアンレストランが苦手な人はいないことを確認しました。
・メンバー全員が参加できることも確認しました。
・新しいレストランなので行ってみたい人が多いです。

図 5.5　事実を箇条書きにしただけの文章

図5.3は，これらの事実を集めて完成させたピラミッドストラクチャーです。このピラミッドストラクチャーのメインメッセージは，「金曜日18:00からイタリアンレストランで忘年会を開催すれば，メンバーは全員喜んで参加してくれる」になります。それに対する根拠となるキーラインメッセージは，「お店はイタリアンレストランがよい」「日時は金曜日18:00からがよい」「全員参加可能で，ポジティブな意見が多い」の3つになります。

このように，ピラミッドストラクチャーを描きながら思考を進めることで説得力のある結論を得ることができます。ピラミッドストラクチャーができてしまえば，それを文章にするのは簡単です。図5.3のピラミッドストラクチャーを見ながら結論とそれを支える3つのキーラインメッセージ，さらにそれらを支える事実をまとめるだけで，わかりやすい文章が出来上がります。Aさんは図5.4のようなメールをB先生に送りました。比較のため，単純に事実を箇条書きにしただけの文章を図5.5に示します。図5.4と図5.5を比べると，文章に含まれる情報量は殆ど同じなのですが，明らかに図5.4の方がわかりやすくて説得力のある文章になっていることがわかります。

以上のように，ピラミッドストラクチャーのメインメッセージから順番に言葉を並べるだけでも説得力のある文章を作ることができます。

5.3　反論へ備える

どんなに説得力のある文章を書いたとしても，必ず反論される可能性があります。反論をされないような文章を作成することも大切ですし，反論された場合に的確に答えられるように準備しておくことも大切です。反論に備えるためには，まず的確な反論とはどのようなものなのかを知っておく必要があります。

的確な反論には主に以下の5つのパターンがあります。

- 根拠がない。
- 根拠が間違っている。
- 根拠と主張が無関係だ。
- 根拠が重要なものではない。
- 根拠が前提によって変わる。

それぞれのパターンを以下に解説します。

根拠がない

根拠の全く提示されていない主張に対する反論です。「その主張の根拠は何ですか？」「その理由は？」といった反論になります。主張の中に「なぜなら」という言葉入っていても，それが全く根拠になっていない場合もあります。たとえば，「忘年会はイタリアンレストランがよいと思います。なぜならイタリアンレストランだからです」という文章は同語反復（トートロジー）と呼ばれ，全く根拠がありません。そのような主張に対してはこのパターンで反論することになります。

根拠が間違っている

根拠が提示されていても，それが真実ではない場合の反論です。「その根拠は正しくありません」「その根拠が本当ですか？」といった反論になります。たとえば，キャンパスから徒歩3分の場所に中華料理店があるにも関わらず，キャンパスから徒歩5分のイタリアンレストランを指して，「忘年会はイタリアンレストランがよいと思います。なぜならそこがキャンパスから最も近い飲食店だからです」という文章があったとします。この主張に対してはこのパターンで反論することになります。

根拠と主張が無関係だ

根拠が提示されていて，それが真実であったとしても，主張とは関係が無い場合の反論です。「本件とは関係ありません」「その主張との関係は？」といった反論になります。たとえば，「忘年会はイタリアンレストランがよいと思います。なぜなら，中華料理は嫌いな人が多いからです」という文章があったとします。「中華料理は嫌いな人が多い」という根拠は真実かもしれませんが，「イタリアンレストランがよい」という主張は関係がありませんから，このパターンで反論することになります。冷静に考えれば関係が無いものでも関係があるかのように思ってしまう場合もあるので注意が必要です。

根拠が重要なものではない

根拠が提示されていて，それが真実で，主張と関係がある場合でも，その根拠が重要なものとは限りません。そのような場合はこのパターンで反論することになります。「それはなぜ重要なのですか？」「それは重要とは言えません」といった反論になります。たとえば，「忘年会はイタリアンレストランがよいと思います。なぜなら，そのお店の看板がとても素敵だからです」という文章があったとします。忘年会の会場としてのレストラン選びはレストランのメニューや味，お店の雰囲気が重要で，看板は重要とは言えないので，反論はこのパターンになります。

30　第5章　ピラミッドストラクチャーで文章を考える

根拠が前提によって変わる

　根拠が提示されていて，それが真実で，主張と関係のある重要なものだったとしても，前提によっては全く違った結論になる場合があります。そのような場合には，このパターンで反論することになります。「そんなの前提によります」「その前提は何ですか？」と言った反論になります。「忘年会はイタリアンレストランがよいと思います。なぜなら，メンバー全員がそのお店に行ったことがないからです」という文章があったとします。普段は行かないお店で忘年会をしたいという前提であればこの根拠は正しいのですが，逆に普段から行き慣れたお店を選びたいという前提であればこの根拠は間違っています。議論の最初に前提がしっかり定義されていないと，このパターンの反論が多くなります。

　以上の5つのパターンを踏まえて，何かを主張する前には必ず反論を考えておく習慣をつけておきましょう。反論を考えることで，より説得力のある文章を考えることができますし，実際に反論されたときにも的確な対応がとりやすくなります。

　次に，自分の案とほかの案を比較する場合を考えてみましょう。2つの案を比較するということは，次の4つについて比較検討することになります。

- 自分の案のメリット
- 自分の案のデメリット
- ほかの案のメリット
- ほかの案のデメリット

　ところが，自分の案を主張するときには「自分の案のメリット」だけを考えがちです。さらにほかの案を聴くときになると「ほかの案のデメリット」だけに注目してしまいがちです。その結果，「自分の案のデメリット」「ほかの案のメリット」を考えないままなってしまいます。そうすると，反論の中で「自分の案のデメリット」や「ほかの案のメリット」を指摘されたときに対応できなくなります。自分の案とほかの案を比較する場合では，4つを忘れずに検討しておくことが反論に備えることになります。

	メリット	デメリット
自分の案	気づきやすい	気づきにくい
ほかの案	気づきにくい	気づきやすい

　いずれにしても，普段から意識的に反論を考える時間をとることが大切です。反論を想定することで，文章を書くときには一方的で的外れな主張をしてしまう可能性が下がりますし，反論されたときにも的確に答えることで議論がかみ合って有益なものになる可能性が高まります。

5.4 感情への配慮

　反論されると感情面でどうしてもネガティブな印象を持ってしまいがちです。反論する側と反論される側の双方に感情面での配慮が必要です。反論は議論を深めるための手段だと考えましょう。相手を論破したり，相手の主張を完全に否定したりするための手段ではありません。どんなに説得力のある文章を書いたとしても，必ず反論される余地があります。反論する側にとっては，主張の根拠となる新しい事実を知ることができるかもしれませんし，主張の前提が何かを知ることができるかもしれません。一方，反論される側は，自分の主張を支える根拠の弱点がわかるかもしれませんし，自分が当たり前だと考えていた前提とは異なる前提条件があることがわかるかもしれません。このように，まず反論は議論を深めるものだという認識を反論する側と反論される側の双方が持つ必要があります。

　反論する側は議論を深めるためだと思っていても，反論される側が必ずしもそのように受け取ってくれるとは限りません。そうかと言って，相手がネガティブな感情を抱いてしまうことを恐れて反論しなければ議論を深めることはできなくなります。反論するときには相手がネガティブな感情を抱かないように配慮することが大切です。たとえば，優しい言葉遣いや第2章で述べた非言語コミュニケーション（体を相手に向ける，舌打ちしない，腕組みしない等）が大切です。さらに相手の主張を全面的に否定していると受け取られないように，最初に賛成できるポイントを指摘するのも良い方法です。

「○○については同意します。そのうえで，△△については何か根拠がありますか？」

　このように言われると，反論された方も「一部分だけでも同意してくれた」という安心感によってネガティブな感情を抱きにくくなります。

　反論される側も同様に，優しい言葉遣いや非言語コミュニケーションに注意して受け答えをしましょう。さらに，その場の雰囲気にもよりますが，反論してくれた人に対して敬意を表してお礼を言ったり，反論の内容が理解できていることを確認したりした後に受け答えをするという方法もあります。

「ご質問ありがとうございます。ご質問は△△の根拠についてですね？　△△は…」

　このように言われると，反論した方は少なくとも自分の意図が相手に正しく伝わったことがわかり，それが安心感につながります。

◆コラム3　なぜ，想定外の反論を言われると対応しにくいのか?

　想定外の反論を言われると的確に答えることが難しくなります。それはなぜでしょうか? 反論に対して，的確に答えるためには以下の3つのステップを踏む必要があります。

1.　相手の反論を理解する。

2.　反論に対して的確な答えを考える。

3.　相手に答える。

　想定外の反論を言われると，そもそも相手の反論を理解するのも困難になります。理解した上でさらに答えを考えるのにも時間が掛かってしまいますし，必ずしも的確な答えが思いつく訳ではありません。完全に想定していた反論であれば，1と2のステップを飛ばすことができますから，当然対応しやすくなります。

　反論を完全に想定しておくのは難しいかもしれません。しかし，全く想定していない反論を言われた場合より，ある程度想定に近い反論を言われた場合の方が，はるかに反論を理解しやすくなりますし，的確な答えを考えられる可能性も高くなります。したがって，「反論を完全に想定することはできない」とあきらめずに，なるべく多くの反論を普段から考える習慣をつけておくことが大切です。

第6章 分解とその応用

問題解決にあたって，もれなく多数の解決策を一度に思いつくのは簡単ではありません。そこで大事になるのが，「分解」という考え方です。1つのテーマをより小さな複数の要素に分けながら考えていく方法です。この章では効率良く分解するための方法を解説します。

6.1 分解とMECE

たとえば，あるビジネスにおいて「利益」を最大化したいとします。「利益」を最大化するための解決策はたくさん思いつくかもしれませんが，もれなくすべての解決策を思いつくのは簡単ではありません。そこで，「利益」＝「売上」−「コスト」ですから，「利益」の最大化の代わりに「売上」の最大化と「コスト」の最小化に分解して考えることができます。このように，1つのテーマを複数のより小さな要素に分解することで問題解決を効率良く進めることができるようになります。

分解を行う上で重要な概念がMECE（ミーシー）です。MECEは，Mutually Exclusive and Collectively Exhaustive の略で，「互いに排他的」で「まとめると余すところがない」という意味になります。もっと簡単に言えば「漏れなくダブりなく」という意味です。1つのテーマを分解するときに「漏れ」があるとそれに関連するアイデアが出なくなってしまいますし，「ダブり」があると同じアイデアを何度も考えることになってしまい，効率が良くありません。したがって，複数の要素に分解するときには常にMECEを意識することが大切です。

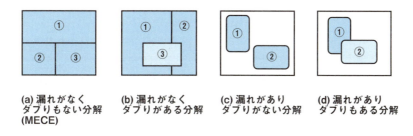

図 6.1 分解

MECEを理解するために，いくつかの例を解説します。みなさんが小売店の店主をしているとしましょう。昨年に比べて，売上が落ちてきたので対策を考えたいと思っているとしましょう。問題箇所を特定するために，たとえば，どの客層に売れていないのかを考える場合に，「購入する顧客」を分解してみましょう。いろいろと分解することができますね。「男性」と「女性」

34　第 6 章　分解とその応用

に分解する。年齢層により分解する。ちなみに，年齢層の分け方には，「成人」,「未成年」に分解する。「10 歳未満」「10 代」「20 代」「30 代」「40 代」「50 代」「60 歳以上」という 7 つの分解もできます。以上のように，顧客を MECE に分解する方法は一つではありません。その一方，「男性」「女性」「子供」の 3 つの分けた分解は MECE ではありません。この分解には漏れはありませんが「子供」は同時に「男性」か「女性」に属していますから，ダブりがあります。これは図 6.1 (b) のような分解です。また，「10 歳未満」「60 歳以上」の 2 つの分解も MECE ではありません。ダブりはありませんが 20 代から 50 代が漏れています。これは図 6.1 (c) のような分解です。「学生」「会社員」の 2 つの分解も MECE ではありません。大学に通っている会社員もいますのでダブりがありますし，学生でも会社員でもない人もいますから漏れもあります。これは図 6.1 (d) のような分解になります。

　ほかにも様々な MECE に分解する方法があります。誕生月で「1 月生まれ」「2 月生まれ」…「12 月生まれ」という 12 個の分解も MECE ですし，血液型で「A 型」「B 型」「O 型」「AB 型」の 4 つの分解も MECE です。身長で「150 cm 未満」「150 cm 以上 160 cm 未満」「160 cm 以上」と 3 つに分解するのも MECE です。

　人以外のものでも MECE に分解することができます。大学の授業で配布されるプリント資料は様々なものがありますが，それを分解してみましょう。一般的なコピー機が対応しているコピー用紙のサイズは，「B5」「A4」「B4」「A3」の 4 種類です。したがって，配布されるプリント資料の多くは「B5」「A4」「B4」「A3」のサイズになっています。しかし，まれに特殊なサイズの資料が配布されることもあるでしょう。そういった場合を考慮すると，「B5」「A4」「B4」「A3」「それ以外」の 5 つに分解すると MECE になります。また，資料の枚数で分解してみましょう。多くは「一枚もの」の資料ですが「二枚一組」の資料や「三枚一組」の資料もあるでしょう。もしかしたら，「四枚一組」や「五枚一組」の資料もあるかもしれません。したがって，「一枚もの」「二枚一組」「三枚一組」「そのほか」の 4 つに分解すると MECE になります。このように「それ以外」や「そのほか」を付け加えることで漏れが無くなって MECE にしやすくなります。例外が多くて分解が難しい場合に便利なので覚えておくとよいでしょう。ただし，本来抽出しなければいけない重要な要素を「それ以外」や「その他」として一括りにしてしまう可能性もありますので注意が必要です。

　たとえば，「レポートの作成がうまく進まない」という問題があったとします。その原因を分解して考えてみましょう。「時間の問題」「内容の問題」「そのほかの問題」の 3 つに分解してみます。それぞれの問題に対して具体的な原因が以下のように列挙することができます。

「時間の問題」
- アルバイトが忙しい。
- サークル活動が忙しい。
- ほかの科目のレポート作成が忙しい。
- レポート作成に時間をとるのを忘れていた。

「内容の問題」

- どのような内容を書けばよいか把握していない。
- 書くべき内容はわかっているが，情報収集ができていない。
- 情報収集したが，まとめられていない。
- 考察が書けていない。

「そのほかの問題」

- パソコンの調子が悪い。
- ネットの調子が悪い。

このように問題を上手に分解することで問題を漠然と眺めるよりも，問題の本質が理解しやすくなったり，対策が立てやすくなったりします。

6.2　マトリックスとロジックツリー

前節では1つのテーマをより小さな複数の要素に分解する方法を解説しました。分解にあたっては MECE という概念が重要でした。ここでは，複数の分解を組み合わせることでさらに小さな要素に分解する方法を解説します。ここでも MECE が重要になります。

前節で解説したように，顧客は性別で「男性」と「女性」に分解できます。また，顧客は年齢層によって「成人」と「未成年」に分解することができます。この2つの分解を組み合わせて，次の4つに分解することができます。

- 男性で成人
- 男性で未成年
- 女性で成人
- 女性で未成年

ここで，「男性」と「女性」，「成人」と「未成年」の分解が，それぞれ MECE であれば，両者を組み合わせた分解もまた MECE になっていることに注意しましょう。MECE になっているので，漏れや無駄が生じることなく4つに分解して考えることが可能になります。

2つの分解を組み合わせる場合は，図 6.2 のようなマトリックスで表示することができます。この図では縦方向には性別による分解，横方向には年齢層による分解を表しています。このように表示すると「男性で成人 (A)」「男性で未成年 (B)」「女性で成人 (C)」「女性で未成年 (D)」がどこに該当するかがひと目でわかります。

		年齢層	
		成人	未成年
性別	男性	(A)	(B)
	女性	(C)	(D)

図 6.2　マトリックスによる分解

また，図 6.3 のようなロジックツリーで表示することもできます。ロジックツリーは左側に分解したいテーマを描き，右側に向かって分解を進めていきます。左側に描かれているものほど抽象的で，右側に進むほどより具体的なものになっていきます。図 6.3 では，まず 1 階層目で性別による分解を行

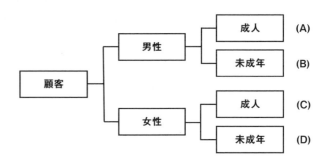

図 6.3　ロジックツリーによる分解

い，次に 2 階層目で年齢層による分解を行っています。そうすると，右端では上から「男性で成人 (A)」「男性で未成年 (B)」「女性で成人 (C)」「女性で未成年 (D)」の四つに分解できてくることがわかります。

　ロジックツリーを使った分解は非常に汎用性の高い方法です。2 つの分解を単純に組み合わせる場合にはマトリックスによる表示が便利でわかりやすいのですが，三つ以上の分解を組み合わせる場合や複数の分解を複雑に組み合わせる場合にはロジックツリーを使った方が便利です。たとえば，20 代女性をターゲットとする衣料品店の顧客を分析したい場合を考えてみましょう。この場合，男性の年齢層はせいぜい「成人」と「未成年」程度の分解で十分かもしれませんが，女性については 20 代を中心により詳細に「10 歳未満」「10 代」「20 代」「30 代」「40 歳以上」という分解が必要になるかもしれません。さらに，ターゲットである「20 代女性」と，その上下の「10 代女性」，「30 代女性」については，身長による分解も必要かもしれません。たとえば，身長で「155 cm 未満」と「155 cm 以上」に分解します。このときの分解をロジックツリーで表すと図 6.4 のようになります。分解を複雑に組み合わせているにもかかわらず，非常にわかりやすく表示できています。それぞれの分解はすべて MECE になっていますので，このロジックツリーの右端に記載している (A)〜(J) の 10 個の要素への分解も MECE になっています。

　ここで，ロジックツリーを問題解決に応用してみましょう。前節で述べた，レポート作成に時間をとるのを忘れていたためレポート作成がうまく進まない，という問題を解決する方法を考えます。大学生活では，毎週いくつものレポート作成に追われることになりますから，「レポート作成を忘れないようにする方法」というテーマをロジックツリーによる分解によって考えていきましょう。たとえば，次のようなアイデアが出たとしましょう。

1. 手帳にレポートの提出期限を記入して，定期的にチェックする。
2. 紙にメモを書いて，目立つところに貼っておく。
3. スマホにスケジュール管理アプリをインストールして利用する。
4. 同じ科目を受講している友達と連絡を取り合って確認する。

　このように，順番にアイデアを出しても解決策が網羅的に出せるとは限りません。しかし，これらのアイデアを MECE に分解してみると，様々なアイデアを出すきっかけになります。
　まず，これらのアイデアは「自力でできる方法」と「他力に頼る方法」に分解できます。1, 2, 3 は前者，4 は後者です。また，「アナログ的方法」と「デジタル的方法」に分解すること

6.2 マトリックスとロジックツリー　37

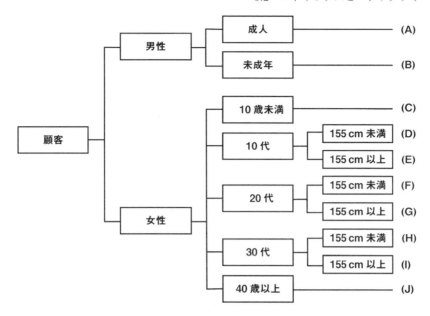

図 6.4　女性用衣料品店の顧客分析

もできます．1，2，4 は前者，3 は後者です．手帳を持っていない人は新たに買う必要があります．そう考えると，「有料の方法」と「無料の方法」に分解するということもできます．このように，まずいくつかのアイデアを，様々に分解してみましょう．

　分解を組み合わせてロジックツリーを作っていきます．なるべく明確に MECE になっている分解を左側から順番に当てはめていくと，右側で漏れやダブりを無くすことができるので効率的に分解できます．ロジックツリーは，基本的に左側から右側に順番に描いていくものです．しかしときには右側から左側に追加，修正を行う場合もあります．右側に描いたより具体的なアイデアや分解から，左側のより適切な分類が思いつくことがあります．このようにしてロジックツリーを描いたものが図 6.5 に示されています．この例では，問題を (A)～(M) の 13 個に分解できています．ここまで細かく分解することができれば，具体的なアイデアを考えることが容易にできます．さらに，それぞれの分解は MECE になっていますから，大きな漏れはないと考えられます．

(A)　手帳を買って，レポートの提出期限を記入して定期的にチェックする．
(B)　付箋を買って，目立つところに貼っておく．
(C)　小型のホワイトボードを買って，そこに書いておく．
(D)　ノートに TODO リストを書いておく．
(E)　ルーズリーフにメモを書いて，目立つところに貼っておく．
(F)　コピー用紙にメモを書いて，目立つところに貼っておく．
(G)　パソコンにスケジュール管理アプリをインストールして利用する．
(H)　スマホにスケジュール管理アプリをインストールして利用する．
(I)　タブレットを買って，そこにスケジュール管理アプリをインストールして利用する．
(J)　休み時間に同じ科目を受講する友達に声を掛けて確認する．

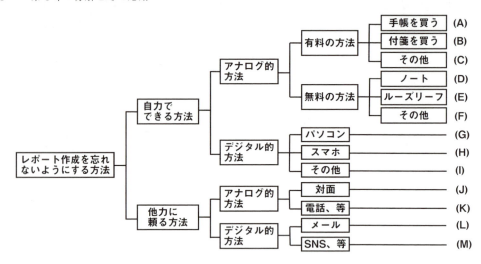

図 6.5 ロジックツリーを使った問題解決

(K) 夜に同じ科目を受講する友達に電話をかけて確認する。
(L) 同じ科目を受講する友達にメールで確認する。
(M) 同じ科目を受講する友達に SNS で確認する。

ここに挙げたもの以外のアイデアが思いつくかもしれませんが，ここに挙げたものとは極端に違うアイデアは無いはずです。

以上のように，ロジックツリーやマトリックスを使うことで，複数の分解を組み合わせることができます。分解を組み合わせることで問題をより小さな要素で考えることができます。小さな要素で考えれば具体的なアイデアが思いつきやすくなります。ひとつひとつの分解はMECE を意識しておくことで漏れなく網羅的かつ効率的にアイデアを出すことができます。

6.3 ピラミッドストラクチャーとロジックツリー

前節では，複数の分解を組み合わせたときの表示方法としてロジックツリーを解説しました。また，第 5 章ではピラミッドストラクチャーを使って文章を作成する方法を解説しました。どちらも枝分かれした樹木のような構造をしています。ここでは，ピラミッドストラクチャーとロジックツリーの違いを使い方と作り方の面で解説しておきます。

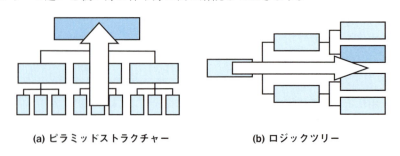

(a) ピラミッドストラクチャー　　(b) ロジックツリー

図 6.6　ピラミッドストラクチャーとロジックツリーの違い

使い方

　ピラミッドストラクチャーとロジックツリーはそもそも用途が異なります。ピラミッドストラクチャーは相手に自分の主張を論理的に，わかりやすく伝えるために使用します。主張を根拠が支えるようなイメージなので，図 6.6 (a) のように下から上に積み上げていくように書いていきます。ピラミッドストラクチャーで最も重要なものは最上段に書かれた結論です。

　それに対して，ロジックツリーは問題解決を効率的に行うために使用します。1 つのテーマを複数の要素に分解していく過程を表しています。図 6.6 (b) のように左から右に向かって分解が進んでいくイメージです。ロジックツリーを使って問題の原因を特定したり，対策を考えたりすることを考えると，最も重要な要素は最も右側に書かれたものの一つになります。

作り方

　ピラミッドストラクチャーは説得力のある枠組みを考えることに主眼をおいて作っていく必要があります。枠組みは必ずしも MECE による厳密な分解にこだわる必要はありません。それよりも相手に伝わりやすくするために，ポイントを 3 つ程度に絞り込むことが重要です。したがって，各階層での枝分かれは多くても 3 つ程度になります。

　一方，ロジックツリーは MECE による分解が重要になります。MECE による分解であれば，一度に多数の要素に枝分かれしていても構いません。問題がより分析しやすくなったり，理解しやすくなったりするような分解を考えながらロジックツリーを作っていくことになります。

　以上のように，ピラミッドストラクチャーとロジックツリーは似た構造で混同してしまいがちですが，使い方も作り方も異なりますので注意して覚えておきましょう。

6.4　フェルミ推定

　MECE になるように漏れなくダブりなく分解し，ロジックツリーとしてまとめることで分析が行えることをここまでで学びましたが，MECE やロジックツリーのある種の応用として位置づけられるものに「フェルミ推定」があります。

　ちなみに，フェルミ推定の「フェルミ」は人名で，ノーベル物理学賞を受賞したエンリコ・フェルミ博士の名前に由来します。フェルミ先生がシカゴ大学で教鞭をとられていた際に，「アメリカのシカゴには何人のピアノ調律師がいるだろうか？」という問題を学生によく出題していたことは有名です。そんな問題を急に出されても，市役所の役人かピアノ調律師をやっている人でなければわからないでしょ！　と思うかもしれません。しかし，フェルミ推定は「フェルミ」＋「推定」という言葉のとおり，一般的に知られていない数字を論理的に概算して推定することを意味します。そのため，正確な数値を知っているかとどうかという知識の豊富さを問う問題ではなく，どのような根拠で論理的に推定して質問された数値を概算したかの論理性が問われる問題だと理解してください。そのため，ある程度の知識は必要になりますが，論理的な思考力と考察力が問われる問題として，コンサルティング業界，商社やベンチャー企業等，様々な企業の採用試験で出題されていることでも有名です。

40   第 6 章　分解とその応用

それでは実際に先ほどのフェルミ先生の問題を少し簡単にして考えてみましょう。これまで学んできた分解して考えることの応用だということをお忘れなく。

例題 6.1

　アメリカのシカゴには人口 300 万人が暮らしています。さて，シカゴには何人のピアノ調律師がいるでしょうか？

ヒントに挙げた分解を考慮しながら，次のように考えて推定してみましょう。

1　1 世帯あたりの人数は平均 3 名と仮定する。

2　300 万人の人口なので，シカゴには 100 万世帯あると計算できる。

3　ピアノを所有している世帯がどの程度か正確にはわからないが，10 世帯に 1 世帯はピアノを保有していると仮定する。

4　シカゴには 100 万世帯あるので，シカゴ内のピアノの台数は，100 万/10 ＝ 10 万台と計算できる。

5　ピアノの調律にはそれなりに時間がかかるので，1 人のピアノ調律師が 1 日で調律できるピアノの台数は 3 台と仮定する。

6　調律師が週休 2 日で働いた場合，年間の勤務時間は 365 日 ÷ 7 × 5 ＝ 260 日と計算できる。

7　よって一人のピアノ調律師が年間で調律できるピアノの台数は，260 × 3 ＝ 780 台と計算できる。

8　ピアノの調律は 1 年に 1 回は行うものと仮定する。市内には 10 万台のピアノがあり，1 年間で 10 万回の調律のニーズがあるということになるので，10 万回/780 台 ＝ 128 人と計算でき，最低でも 128 人のピアノ調律師がシカゴにいなければ成り立たない。

9　よって 128 人程度と推定される。

という流れでフェルミ推定を行うことができます。ポイントは，300 万人という人口から分解と仮定をしながらピアノの台数を概算し，その台数を処理するために必要な調律師の人数を勤務時間から概算したところにあります。「10 世帯に 1 世帯はピアノを所有している」「調律師が 1 日で 3 台調律できる」「1 年に 1 回調律を行う」等，場所や状況によって数値が変化する部分はありますが，それらにも「近からず遠からず」のそれなりの数値を仮定しながら計算することで，推定を行っているというところも重要なポイントです。

そのため，それなりの精度の概算を行うためには，仮定する際にある程度の基礎知識が必要にはなります。しかし，先ほども述べたように，フェルミ推定は最終的な数値があっているかどうかを問う問題ではありません。例題のように，どのように分解し，どのような論理で仮定を置き，最終的な結論まで論理的に導いたのかが評価の対象になります。ピアノの台数までは概算できても，そこから調律師の人数まで計算を進めるためには調律師の年間で調律が可能な台数と，1 年間に 1 回は調律をするという論理が必要であり，そのような仮定をしながら最終的な調律師の人数までを考えられたかどうか？ という点が問われていると思ってください。なお，きちんと分解し，ある程度の数値を仮定してフェルミ推定により概算した結果は，不思議

なことに実際の正確な数値と大きく外れない結果（桁数が一致している）が得られます。フェルミ推定に関する例題はほかにも多数ありますし，ご自身の身の回りの生活にもありふれています。たとえば，学食の1日当たりの売上は？ とか，自分がよく通っているショップの年間売上は？ 等です。分解して考える応用として，日常生活で気になるいろいろな数値をフェルミ推定することで，練習してみてください。

第7章 効率的な問題解決

7.1 問題解決の4つのステップ

この章では問題解決の方法について解説します。たとえば大学生活の中で,「レポートの作成がうまく進まない」,「期待していたような研究成果が得られない」といった問題が生じます。社会人になっても「期待したほどの売上が上がらない」,「経費が想定以上に増えている」といった問題に遭遇します。

人は問題に遭遇したときに,過去の経験則に基づいた解決策を考えがちです。経験が豊富にあって解決可能な問題であればそれでよいのですが,それだけでは経験不足の問題には対処できません。大学生や社会人になったばかりの人にとっては未経験の問題ばかりでしょう。経験不足を言い訳にしたり,あきらめたりしていては直面する問題を解決することはできません。しかしながら,問題を解決しようとしてただ闇雲に解決策を考えてみてもなかなかよい解決策を思いつくとは限りません。

そこでまずは,問題を効率的に解決するために重要となる4つのステップについて解説します。図7.1に示す4つのステップを左から順番に踏むことで論理的かつ効率的に問題解決を進めることができるようになります。

図7.1 問題解決のステップ

この4つのステップのそれぞれがどのような意味を持ち,どのように考えればよいかについては,次節以降で順番に解説します。

7.2 問題の設定

問題解決の最初のステップであるWhatについて考えていきましょう。最初のステップに位置するWhatは,第4章で説明したコミュニケーションにおける「話題」や「聞き手の関心事」と同様に,問題解決におけるイシューになります。コミュニケーションの場でイシューを押さえることが重要であるのと同様に,問題解決においてもイシューを特定することは非常に重要

です。では問題解決におけるイシューをどのように特定すればよいかについて，例題をとおして考えていきましょう。

> **例題 7.1**
> 　図 7.2 は旅行前の準備状況です。問題点は何でしょうか？ 思いつく限り複数挙げてください。

図 7.2　スーツケース（その 1）

図 7.2 の場合，たとえば，次のような問題点が考えられると思います。

- 荷物が散らかっている。
- スーツケース内に荷物も入りきっていない。
- 旅行に必要のないものがある。

それでは，次の例題に移りたいと思います。

> **例題 7.2**
> 　図 7.3 は旅行前の準備状況です。問題点を思いつく限り複数個挙げてください。

図 7.3　スーツケース（その 2）

図 7.3 のイラストにおいては，一見何も問題がないように感じたかもしれません。しかしよ

く考えてみると，次のような問題点が挙げられます。

- 旅行に必要な衣服等の必需品がそろっていない。
- 荷物が少なくてガラガラなので，このスーツケースは大きすぎる。

では，図7.2を見たときと図7.3を見たときの問題意識の差はなぜ生じたのでしょうか。図7.3の状態になぜ問題を感じたのか？ということについて考えてみてください。図7.2の場合には，荷物が入りきっておらず，旅行前の準備ができていない状況が明らかにわかります。しかし図7.3においては，一見整理されており，荷造りがうまく進んでいるようにも見えてしまいます。そして図7.3の問題点を挙げるためには，次の図7.4のように，ご自身が旅行に行く前に理想とする準備状況のイメージと照らし合わせて比較しなければ，問題点を挙げることができなかったと思います。

このように，問題は大きく2種類に分類することができます。

図7.4　理想とするスーツケースのイメージ

- 発生型の問題：誰の目から見ても明らかにわかる問題
- 設定型の問題：あるべき姿と照らし合わせてその比較から定義できる問題

図7.2のような問題は「発生型の問題」，図7.3のような問題は「設定型の問題」といいます。

発生型の問題では，解決すべき問題は自明でわかりやすく，認識を共有しやすい場合がほとんどです。たとえば，「売上を昨年度より5％アップしようと思っていたのに2％しかアップしそうにない」「経費を昨年と同様に1年間500万円で想定していたのに，このままいくと今年は600万円かかりそうだ」という場合には，それぞれ，「3％の売上が不足する」「100万円コストが超過する」を解決すべき問題だと考えればよく，問題は明確に共有することができます。

一方で，「このままでは期待していたようにA製品の製造ができない」というのは，解決すべき問題として適切ではないかもしれません。「期待していたようなA製品の製造」という部分が曖昧で，ほかの人と認識を共有することが難しいのが原因です。たとえば，「いつまでに○○時間で○○の性能を持った製品を○○のコストで生産できるようにする」といった「あるべき姿」を共有し，現状と比較することで問題点を具体化する必要があります。このように，理想とするあるべき姿との「差（ギャップ）」によって定義される問題が設定型の問題であるため，なぜその姿が理想なのか，なぜ○○ができないと問題なのか，等の問題意識の共有が大切

7.3 問題箇所の特定と原因の発見　45

になります。なぜなら，この問題意識の共有が行われていなかった場合，設定型の問題においては問題と思わない人も出てきてしまうためです。発生型の問題は，法律違反，ルール違反，マナー違反等で明らかではありますが，これも国，地域によっては異なることもあり，場合によっては設定型の問題と同様に，意識の共有が必要になることもあり得ます。変化が激しく，多様な価値観を認め合いながら助け合って生きていくことが必要なこれからの時代，問題意識をしっかりと共有した上で問題を設定することが非常に重要になるでしょう。

7.3　問題箇所の特定と原因の発見

　問題解決の1番目：What について，何を問題とするかについては理解できたと思います。次に，2番目：Where と3番目：Why について考えていきましょう。ここでも例題をとおして学習を進めたいと思います。

例題 7.3

　あなたはファミレスの店長です。ここのところ売上が思ったように伸びていません。さて，どのように解決しますか？

たとえば次のような解決策を考えた方がいらっしゃると思います。

- 値段を下げる。
- 宣伝をもっと多くする。
- メニューを変えてみる。

　残念ですが，これは問題解決として正しくありません。解決策として具体性があり，やりがちな間違いなのですが，これは問題解決の4番目のステップ：How に対応した解決策であり，Where や Why には対応していません。また次のように

- 接客が悪い。
- 立地が悪い。
- 広告の内容が悪い。

等を考えた方もいると思いますが，これは3番目のステップ：Why に対応した解決策であり，Where に対応していません。つまり，問題解決のステップに従い，2番目の Where からこの解決策を考える必要があるのです。たとえば，

- 売上が落ちている時間帯はどこか？
- 1週間のうち何曜日の売上が落ちているのか？
- 個人，グループ，家族等，どの客層での売上が落ちているのか？

等を考えることから解決策を考えることが2番目のステップ：Where を考えていることになります。
　また，売上を男性客と女性客に分解して「特に，男性客からの売上が減っている」と特定し，さらに「平日と休日」，「午前と午後」に分解して，「平日午前の売上が下がった」といったように，第6章で学んだ MECE やロジックツリーの考え方を応用すれば，問題箇所を漏れなくダ

ブリなく詳細に特定することができます。

問題箇所がこのように特定できると，次はそれを受けてどうして悪化したのかを明らかにし，それをどう改善するかという流れになるのが自然ですよね。これこそが3番目のWhyと4番目のHowになるわけです。では，3番目のステップである「どうして＝why」について続けて考えていきましょう。たとえば，「学期末に提出したレポート課題の多くがうまく書けなかった」，と振り返っている場面を想像してみてください。まず，Whereのステップで，「Aに関連する科目が特にうまく書けなかった」と問題箇所を特定したら，次のステップで，なぜうまくいかないのか原因を探っていきます。たとえば，

- そもそも時間をかけていなかった。
- 時間をかけているが，どのような内容を書けばよいか把握していなかった。
- 書くべき内容はわかっているが，情報収集ができていなかった。
- 情報収集しようと思ったが，うまくできなかった。
- 情報収集したが，まとめられなかった。

といったように問題箇所に対応した原因分析になるわけです。

ということで例題のファミレスに戻ると，図7.5のように，「時間帯から考えて土日の家族連れの客層に売上が低下しているという問題箇所を特定し，そこからメニューを長年変更していなかったという原因を発見し，子供向けメニューを変更することで改善しよう」，といった流れで具体的な解決策が提案出来たら，問題解決の正しいステップに従って解決策を立案できたことになります。この流れは，ロジックツリーによって具体策まで落とし込む際と同様ですね。逆に，Whereが特定されていない状態で3番目のWhyや4番目のHowをいくら考えたとしても，問題箇所に関連した解決策でない限りは問題の本質的な解決にはならず，数を打って当てるといった状況になり，非効率的になってしまいます。つまり，Howだけではなぜその策が有効であるかを説明できませんし，Whyだけでも要因が複数ありすぎで具体化できな

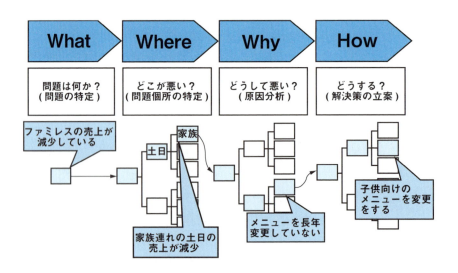

図7.5 問題箇所の特定と原因分析からの解決策立案

い等の失敗に陥ってしまうということです。よって，What ⇒ Where ⇒ Why ⇒ How のステップで問題解決を行う重要性を再確認しましょう。

7.4 解決策の立案

最後に問題解決の4番目のステップであるHowについて考えましょう。これまでの学習から，1番目：Whatの問題を定義し，2番目：Whereによって問題箇所を特定し，3番目：Whyによって原因分析まで行えるようになったと思います。そのため，4番目：Howで提案される解決策は具体的な方法になり，原因によっては複数個の具体策を立案できる場合も少なくありません。たとえば，先のファミレスの例題でいえば，土日の家族連れのメニューを長年変更していなかったというところまで分析できたとした場合，その解決策として，

- 子供向けメニューを変更する。
- 子供向けメニューにおもちゃの特典をつける。
- 子供も親も一緒に食べることができる鍋料理をメニューに加える。
- 幼児の食事の手伝いができるように，片手で食べられる大人向けメニューを追加する。

等のように，家族連れのメニュー変更という点だけとっても様々な解決策を考えることができます。また特定された問題に対応した原因に対する解決策であるので，どの案も問題解決に直接的につながる方法です。そのため，解決策を立案する上で大切になるのが「判断基準」になります。代表的な判断基準になるものとして，下記があります。

① 効果
② スピード
③ コスト
④ リスク

状況によってはほかの判断基準を追加することももちろん可能です。これから判断基準を設定したうえで，たとえばプランA〜Eの5プランがあった場合に，図7.6に示す比較表を用いて各プランを分析し，具体的な解決策に対する優劣や優先順位をつけて実行することが，解決策を立案する際のポイントになります。

	効　果	スピード	コ　ス　ト	リ　ス　ク
プランA	◎	△	○	◎
プランB	△	◎	◎	×
プランC	×	○	○	×
プランD	×	×	△	○
プランE	○	△	△	△

図 7.6　判断基準を用いた解決策の比較表

なお，問題解決の4つのステップ（What ⇒ Where ⇒ Why ⇒ How）を理解すると，「5W1H」という言葉を思い浮かべてしまう人もいると思いますが，別物なので注意が必要です。「5W1H」

は，いつ（When），どこで（Where），誰が（Who），何を（What），なぜ（Why），どのように（How）という，相手に情報を漏れなく正確に伝えるときに役立つフレームワークの1つです。問題解決とは直接の関係はありません。問題解決の4つのステップは，「What」→「Where」→「Why」→「How」の順番であることをしっかり覚えておきましょう。

7.5　仮説と検証

　ここまでは，問題解決の4つのステップと各ステップの意味合いについて説明してきましたが，この4つのステップと組み合わせて理解しておいていただきたいのが「仮説と検証」です。

　昨今はインターネット検索で大抵のことを調べることができる時代です。そのため，適切な検索ワードや検索のための質問が行えた場合，膨大な情報からある一定水準の答えを見つけることができるでしょう？　たとえば，数学の授業でわからないことがあったとしても，授業中に先生が板書してくれた「マクローリン展開」というキーワードさえ検索ワードに入力すれば，マクローリン展開に関連する内容をいくらでも検索できるでしょう。

　しかし，たとえば卒業論文のための研究等，未知のことに挑まなければならなくなった場合，みなさんはどうしますか？　適切な検索ワードがわからないまま，闇雲に検索を続けてネットサーフィンし，その情報からヒントを得ようとしますか？　そんなことをしていたら，いくら時間があっても足りませんし，問題解決のステップで例えるならばHowばかりを考えていることになり，根本的に研究を進めることはできませんよね。

　このような状況で必要になる考え方こそ「仮説と検証」になります。仮説とは，物事を考える際に最も確からしいと考えられる「仮に設定した結論」です。そしてその仮説が本当に正しいかどうかを確かめる作業が「検証」です。仮説があるかどうかで，検証の精度とスピードが上がります。そして検証によりこれまでになかった情報が得られ，その情報を仮説に照らし合わせて分析・考察することにより，仮説よりもよりよい結論をより早く導くことができるようになります。これこそが仮説と検証になります。また仮説と検証のよいところは，ある仮説のもとで検証し，その仮説が正しくなかった場合，仮説をアップデートして再検証するというサイクルを繰り返すことができ，サイクルを繰り返すことでよりよい仮説や結論を得ることができるということです。

　図7.7に仮説がある場合と仮説がない場合の思考の流れの比較を示しました。図7.7 (a) が仮説のない状態の思考です。仮説がないために何を調べればよいかの方針もたたないため，まさにネットサーフィン状態になり，情報に溺れてしまい，思考も停止して，悪循環になってしまうことを示しています。一方，図7.7 (b) が仮説のある状態の思考です。先に説明したように，仮説があることにより，調べるべき情報を絞ることができ，必要な情報を効率的に集めることができるようになります。またその情報をもとに仮説を検証，仮説の修正を行うことで，よりよい結論をより早く導けることを示しています。また検証の結果で仮説が間違っていたとしても，検証結果を踏まえて仮説をアップデートし，その新しい仮説のもとに再度情報を集めて検証をするというサイクルを繰り返すことができるため，効率が悪くなることもなく，好循環をキープした状態で思考を継続できるということも示しています。

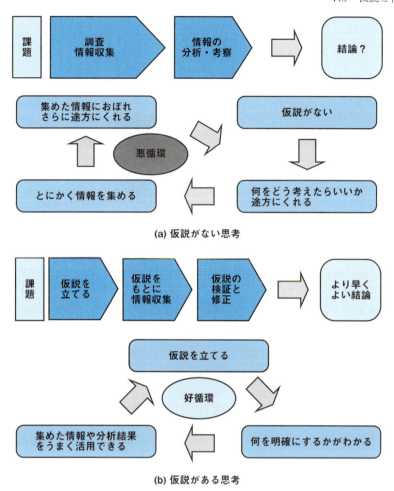

図 7.7 仮説がある場合とない場合の思考の比較

　今後の大学生活や社会人になってからも，未知のこと・これまで経験したことがないことに多数遭遇すると思います。その際に，仮説をもってその問題と向き合う仮説思考を忘れないようにしてくださいね。また第 6 章で扱ったフェルミ推定においても，仮定をしながら推定していたので，まさに仮説思考を用いていました。さらに仮定した数値を検証することで，フェルミ推定の推定精度を向上させることもできます。ここでも仮説と検証の重要性を再認識できますね。

あとがき

　ここまで，ロジカルシンキングのポイントについて，問題解決とコミュニケーションの両面で紹介してきました。ロジカルシンキングを身につけると，課題に対して多面的に分析し，本質的な課題を見極める力が高まります。さらに，効果的な解決策を考え，説得力のあるコミュニケーションを行うことにも効果を発揮し，多くの人を巻き込みながら物事を進められるようになります。ロジカルシンキングは，現代社会や地域社会が抱える複合的な社会課題の解決に向けて，異分野の人々とも共創を率先するための基盤となる汎用性の高い能力です。

　ロジカルシンキングのポイントはこの本を通じて学んでいただきました。みなさんは，考えるための道具や型を手に入れたところです。道具を自由に使いこなせるかどうかは，これからの日常で活用されるかどうかにかかっています。ロジカルシンキングはスキルです。「わかる」と「できる」の間には大きな壁があります。スポーツや自転車の乗り方と一緒と考えてみてください。プロスポーツ選手でも最初からうまくできたわけではありません。自転車の乗り方だって，最初からうまく乗りこなせる人はいません。何度失敗しても，繰り返し挑戦して，工夫してみて乗りこなせるようになります。ロジカルシンキングも同じです。とにかく使ってみる。そのうちに使い方のコツをつかむことができます。

　ロジカルシンキングを使う場面は，大学での課題だけでなく，日常生活の何気ない場面や隙間時間でも鍛えることはできます。例えば，みなさんがレストランに食事に行った際にお店の前にとても長い行列ができていたとしましょう。待っている時間に，みなさんが店主だったら，と想像してみてください。そして，この長い行列をどのようにして解決するか考えてみましょう。何が問題なのか，問題箇所はどこなのか。原因は何かといったことを考え，解決策にはどのような方法があるのかと考えてみることが能力アップにつながります。

　頭で考えるだけでなく，考えたことを「見える化」してみてください。頭の中で分かった気になっても，意外と書き出すことは難しいものです。「見える化」することにより考えていることの漏れや矛盾点が明らかになってきます。つまり，書き出してみると考えが進化するのです。その際に，この本で学んでいただいたピラミッドストラクチャーやロジックツリー等のツールを是非使ってみてください。一人だけで考えるのではなく，考えたことを友人やクラスメート，ご家族と話し合っていただけるとさらによいです。自分の考えを持ち，自分の意見を他人に話してみる。できれば，自分の意見を主語，述語のある文章にして，理由も書いてみれば，みなさんのスキルが飛躍的に進化していきます。

　ロジカルシンキングは，大学や社会で出会うあらゆるシーンに必要なスキルといえます。是非，積極的に活用していただき，ロジカルシンキングのスキルを磨いていってください。本書を通してみなさんがロジカルシンキングを行うきっかけになり，コミュニケーション能力や問題解決能力のレベルアップにつながることに貢献できれば，著者一同これほど嬉しいことはありません。

著　者

勝又暢久　香川大学創造工学部
竹内謙善　香川大学創造工学部
山中隆史　香川大学創造工学部

大学生からはじめる　ロジカルシンキング

| 2024 年 3 月 15 日　　第 1 版　第 1 刷　発行 |
| 2024 年 10 月 31 日　　第 2 版　第 1 刷　発行 |

著　者　　勝　又　暢　久
　　　　　竹　内　謙　善
　　　　　山　中　隆　史
発 行 者　　発　田　和　子
発 行 所　　株式会社　学術図書出版社

〒113−0033　東京都文京区本郷 5 丁目 4 の 6
TEL 03−3811−0889　振替　00110−4−28454
印刷　三松堂 (株)

定価は表紙に表示してあります.

本書の一部または全部を無断で複写 (コピー)・複製・転載
することは，著作権法でみとめられた場合を除き，著作者
および出版社の権利の侵害となります．あらかじめ，小社
に許諾を求めて下さい.

© 2024　N. KATSUMATA　K. TAKEUCHI　T. YAMANAKA
Printed in Japan
ISBN978−4−7806−1300−1　C0037